百倍不是梦

上官炜栋/著

经济管理出版社
ECONOMY & MANAGEMENT PUBLISHING HOUSE

图书在版编目（CIP）数据

百倍不是梦/上官炜栋著. —北京：经济管理出版社，2019.1
ISBN 978-7-5096-6351-6

Ⅰ.①百… Ⅱ.①上… Ⅲ.①股票投资—经验 Ⅳ.①F830.91

中国版本图书馆 CIP 数据核字（2019）第 015681 号

组稿编辑：勇　生
责任编辑：勇　生　刘　宏
责任印制：黄章平
责任校对：董杉珊

出版发行：经济管理出版社
　　　　　（北京市海淀区北蜂窝 8 号中雅大厦 A 座 11 层　　100038）
网　　址：www. E-mp. com. cn
电　　话：(010) 51915602
印　　刷：玉田县昊达印刷有限公司
经　　销：新华书店
开　　本：720mm×1000mm/16
印　　张：12.25
字　　数：137 千字
版　　次：2019 年 1 月第 1 版　　2019 年 1 月第 1 次印刷
书　　号：ISBN 978-7-5096-6351-6
定　　价：38.00 元

谨以此书献给我的家人！

股友精彩评论

神奇的理论、精准的预测、令人叹为观止的分析。

——仓又嘉措

这是我炒股 20 年，所见到最准确、最精彩的分析。

——股市 20 年

神奇的股价稳定态理论，无与伦比的分析。

——点股成金

感谢老师无私指导，让我逃过"股灾"大劫杀。

——又嘉措仓

真难以置信，散户也能如此准确预测股市行情。

——股海明灯

股价稳定态理论应是不传之秘，感谢老师无私分享。

——无门之门

股价稳定态理论，散户战胜机构的利器。

——庖丁解牛

老师的理论是茫茫股市里的指路明灯。

——股海导航

自　序

2018 年春节前夕，远在北京的经济管理出版社勇生编辑在百忙之中来杭州找我，鼓励我再写一本可供更多读者阅读的股票书。恰好几个月前，在"股灾"两周年之际，我写了几篇回忆性的文章，就有将此进一步扩展成书的念头。

总的来说，我对 2013~2015 年的大牛市把握得还是相当成功的：成功地预见到上轮大牛市启动、发展、演变、终结的整个过程，并在"股灾"前最高位成功逃顶。在 2014 年 7 月至 2015 年 6 月，短短不到 1 年时间，复合收益近 1200%。经我测算，借助低杠杆的融资融券，是可以轻松实现百倍收益的。这就是《百倍不是梦》书名的由来。

我之所以能获得如此好的收益，完全得益于我独创的股价稳定态理论。本书第二章"从 0 到上亿"详细地叙述了我首次运用独创的股价稳定态理论，如何成功地把握 2013~2015 年大牛市启动、发展、演变、终结，并最终实现 12 倍收益的整个亲身经历的过程回顾。在本书字里行间，读者能体会到我当时对信雅达那份执着的坚持，还有期间的喜、怒、哀、乐以及迷茫、无奈与困惑。

百倍只是方向，而非目标。实现财富自由，是每一个交易者的梦想。如果你不知道该如何走，本书介绍的股价稳定态理论或许能为你指明一条大道。为了更好地阅读、理解本书，建议广大读者还是先了解一下股价稳定态理论，并结合行情软件上的K线图，进行复盘研究，相信你会有更多的收获。我在2015年公开出版的《精准狙击——股价稳定态理论与应用》一书，对股价稳定态理论进行了全面的介绍，该书在有的实体书店可能已下架，但网上依然有售。

感谢为本书成功出版而付出努力工作的经济管理出版社工作人员；感谢多年来一直支持我的家人、朋友。感谢阅读本书的读者，祝愿你们在新一轮牛市里，能心想事成，实现自己的梦想！

上官炜栋

2018年12月18日

目　录

第一章
建立自己的投资交易体系

　　要想成为一名专业的股票投资人，并在变幻莫测的股票市场存活下来、实现持有的盈利，必须树立正确的投资理念，建立自己的交易系统，即完整的投资交易体系。

　　本章简单介绍了什么是投资理念、投资理念的重要性；建立交易系统的必要性，如何建立、提升交易系统等；并介绍了我独创的股价稳定态理论。

一、树立正确的投资理念

经常有人对我说：要跟我学做股票。所谓跟我学做股票，其实就是怎么交易。

我只有独自苦笑："连最基本的投资理念都没有，怎么做股票交易？""道不同不相谋。如果彼此理念不一样，那岂不是鸡同鸭讲？"

那么，什么是投资理念？它到底有多重要？

1. 什么是投资理念

投资理念由投资者的心理、哲学、动机，以及技术层面所构成。它是你的思想在实战中的不断磨合，源于自身心性的升华。因此，投资理念是一种抽象而又高度概括的东西，不是投资思想过程和方法，而是投资全部思想的总纲。

股票投资理念就是从投资者的内心，去认识、理解股票的波动原因，并建立一套思想逻辑。它体现了投资者本人对股价波动、对交易本身的认知。因此，投资理念是不可能用语言完整地去表述和传授的，它需要投资者用内心去体会、去领悟、去思考。

对股市的认知产生理念，理念产生交易策略（交易法则），交易策略（交易法则）产生交易。因此，理念的位置是处在理解和行动之间。股票投资理念是股票交易的基础和源泉，是交易的核心，是交易的灵魂。

2. 投资理念到底有多重要

很多投资者把投资收益多少简单归结为操作交易水平高低，而忽视了投资理念的重要性。其实，真正决定投资者投资收益多少的是你的投资理念。

投资理念决定投资者的投资行为

投资理念直接决定你的投资行为。比如，在市场极端情况下，你如何选择操作、是买还是卖？是考虑顺势而为还是逆流而上？采取什么样的行为，取决于你有什么样的理念。当然股灾发生时，你如果是做长期投资的，那么显然这种股灾是买入的大好时机；相反，如果你是技术派，或者是量化交易的追随者，那么显然当市场极度波动时，你很难做到淡定从容，而是会根据价格的波动来采取行动。

由于不同的投资理念，因此决定了你最终采取行动的依据是不同的。投资者根据上市公司的变化情况来采取行动，而除价值投资以外的市场参与者，恐怕更多是以股票价格的变化来决定交易。这里本质的差异就是投资理念的不同，那么显然这种差异造成了完全不同的投资风格。

投资者的投资收益决定投资收益

当前，股票投资派系众多，有人信奉价值投资、有人信奉技术分析，还有人更相信机器，用机器来高频交易。之所以有这么多的投资派别，归根结底是因为理念的不同造成个人选择的不同，不同的理念会让你产生不同的操作风格，最后取得的收益也会完全不同。

我在 2013~2015 年大牛市里，因为坚持长线持有 600571 信雅达，最终获得了 8 倍收益。而在底部也有很多人持有、买卖该股，虽然也不乏比我收益高的投资者，但大部分投资者的收益远远少于我的收益。我取得的收益，绝大部分不是靠交易产生的，而是坚持自己的投资理念的结果。大家可在本书的第二章，感受到当时我内心孤独的坚守。

在我看来股票投资理念才是根本、才是股票交易的核心、才是交易的灵魂。而日常谈论的交易技巧，只是在锦上添花、只是为增厚投资收益。

3. 如何树立正确的投资理念

如果你刚开始学习投资，那么一定要先建立一个正确的投资理念，因为建立一个符合客观经济实际情况的投资理念是至关重要的，也是做好投资的根本。如果没有正确的投资理念，那么即使你再努力，也很难有好的收益；最终会让你迷失在充满诱惑、功利的资本市场，甚至被它所吞噬。

树立正确的投资理念，要注重以下五点：

（1）要学习包括股票理论等各种知识，以防止盲目跟风炒作。

（2）要坚持自己的投资理念，看好就应当坚定持有。

（3）要克服功利倾向，不被情绪左右、盲目操作。

（4）要根据政策面选择行业，根据基本面选择个股，根据技术面交易。

（5）要拿得住股，忍得住观望，不抄底，不追高，耐得住寂寞，学会空仓待机而动。

成功的理念是不可能一次形成的，它靠的是累积。投资理念可以因人而异，成功的投资理念也不是完全相同的。

二、建立自己的交易系统

要想做好交易，除了树立正确的投资理念之外，还需要建立自己的交易系统。所谓交易系统，就是投资者在股票交易过程中遵循的一整套交易法则和方法。

在股票交易过程中，我们必须要有自己的一套交易系统，这样你才有底线、有原则，操作起来才会心中有底，不会在变化莫测的资本市场中迷失方向。

1. 有交易系统的好处

你一旦步入股市，那么，每天的交易过程中，你都必将面对如下这类问题：

（1）今天要不要买股？买什么股？

（2）今天国家出台的政策会对你手中股产生什么影响？

（3）昨夜外盘大跌，我国股市今天会不会大跌？

（4）人民币升值/贬值，A股怎么走？

（5）看好的股大涨，要不要追进？

（6）手中股大跌，砍仓出来还是加仓？

……

如果你事先没有任何的应对策略，那么，这类问题日积月累、年复一年，最终足以让你身心崩溃。如果你已建立一整套交易系统，那么，你就可以很轻松地应对。

（1）今天如选中的某股跌到建仓位，则买进。

（2）国家政策利好某股，提高目标位，耐心持有。

（3）我国股市是个封闭市场，受外盘影响不大。

（4）人民币贬值，有利出口，用好手中股票。

（5）受消息刺激，该股盘中大涨，应逢高减仓。

（6）受利空冲击，手中某股盘中杀跌，但该股基本面良好，股价运行趋势未变，应逢低加仓。

……

只要你的交易系统足够完善、足够强大，就能轻松应对交易过程中面对的各种困惑。

2. 如何建立交易系统

如何建立一套股票交易系统？有很多股票书籍、网络文章可供大家参考。股票交易系统是自己选股、买卖、持仓的行为指南。能否有一套适合自己、适应市场的交易系统，是投资者能否持续稳定盈利的关键。

一个完整的交易系统，应该包括宏观研究分析、选股决策系统、日常交易对策、仓位与风险管理、自我评估与纠错等部分，以应对交易过程中遇到的各种意想不到的问题和困难。

宏观研究分析

股市谚语"识别大势，才能赚大钱"，说的就是宏观研究分析的重要性。小到个股的日常走势，大到大级别的股市行情，都与当时经济环境密切相关。在千股齐哀的当前弱市市场，你很难赚到钱；而在万马奔腾的股灾前，谁都能成为股神。

因此，"择时"的重要性远远超过"择股"。可惜，很多人建立了股票交易系统，却似乎忽略了宏观研究分析这一环节。

选股决策系统

同样一波大牛市，同样从底部起来，个股涨幅却相差很大。我管理的账户在2013~2015年大行情能获得超高收益，关键在于我成功寻找发掘到上轮行情的信雅达、金证股份等超级大牛股。

那么，我是怎么寻找到这类大牛股的？只是基于几个简单的原则，比如根据公开信息来跟踪把握公司基本面，也就能自上而下地筛选出超级大牛股。

（1）牛股集中出自机会最好的几个板块内。

（2）选择具有长期政策支持的互联网金融个股。

（3）在板块中删除明显不符合的公司。

（4）剔除部分有问题的公司，精选数只。

（5）精选数只个股建仓并长期跟踪。

（6）K线形态上符合一定的审美学。

（7）留下走势上契合当初预期的个股。

日常交易对策

建立交易系统的目的就是帮助自己做好交易，自然少不了日常交易对策部分。日常交易对策就是指导你在交易过程中，如何应对各种局面。例如，在什么点位、时间买卖股票；在什么点位加仓减仓；大涨大跌时该怎么办……

仓位与风险管理

股票交易是个高风险的投资活动。因此，仓位与风险管理尤其重要。对长期投资来说，资金与风险管理水平往往决定了你投资收益的多少。

一只股票下跌 50%，则需要上涨 100% 才能回本。而如果你先期建仓 20%，下跌 50% 后满仓，股价再度回升到建仓点位时，你已盈利 80%；而如果你开始就冲动满仓，股价下挫 50%，则早已不得不面对是否要止损的局面。

同样一只股票，同样的走势，有人交易下来收获丰厚，有人亏损累累，很大程度上是因为仓位与风险管理不同。

自我评估与纠错

一个交易系统还应该有自我评估与纠错功能。只有这样，才能不断提高你的交易水平，优化交易策略、提升交易系统，而一个僵化的交易系统，是无法跟上不断变化的市场的。

3. 提高你的交易系统

交易系统建立后不是一成不变的，应该结合自己的实际操作，不断改进完善自己的操作系统，确保自己能够持续稳定地获得盈利。

不断优化、改进交易系统

利用交易系统的自我评估与纠错功能，不断用它进行评估交易结果，总结经验教训，来进一步优化、改进交易系统，跟上不断变化的市场步伐。也只有这样，才能不断提高你的交易水平，改善、提升你的交易系统。

努力建立股票交易模型

职业股票投资人，大多都有自己的交易系统，有的简单、有的很复杂。有了交易系统，你应该考虑进一步将它模型化，建立交易模型。

一旦有了交易模型，你就可以通过推演自己的交易模型，主动把握市场发展的变化，制定更加积极的交易对策，从而获得更高的投资收益。

形成自己的股票理论

从投资理念到交易系统是理论到实践的过程，作为一名专业投资人，还应该将实践不断总结，形成一套自己的理论，并用此理论，来进一步指导自己的股票交易。

我经过20多年的摸索，建立了面向二级市场股价波动的股价稳定态理论，该理论集认识、理念、交易于一体。我正是运用该理论，成功地把握了2013~2015年的大牛市。

4. 专业交易员的基本要求

所有交易都是由人来完成的，交易的过程本身就是人与人之间心理的博弈。因此，交易系统还必须把交易者本人包括在内。专业的交易人员，必须具备如下五点要求。

（1）强大的内心：股票交易是个枯燥无味的修行过程，需要有一颗强大的内心，才能到达梦想的彼岸。

（2）专业的知识：上市公司研究涉及宏观经济、产业政策、行业技术革新等方方面面，需要具备众多专业知识。

（3）丰富的经验：作为一名专业的投资人，必须具备丰富的实战经验，如此才能做到临危不惧。

（4）严格的纪律：职业的投资人，必须严格恪守交易纪律，宁可错过、放弃一些交易机会，也要保留住下次再来的本金。

（5）良好的心态：在大涨大跌面前，能控制自己的情绪，不被盘面波动所左右。

三、股价稳定态概述

股价稳定态原称股市动态博弈平衡论，是我根据 20 多年证券投资、股票交易的心得与总结，建立的面向二级市场股价波动的股票理论体系。该理论集认识、理念、交易于一体，因此，具有很强的实战指导意义。

2015 年 5 月，我在公开出版的 《精准狙击——股价稳定态理论与应用》一书中，正式将该理论简化为股价稳定态理论（封面见图 1-1）。

1. 股价稳定态基础

我们认为股市的运行基础就是市场博弈，博弈的最终结果就是趋于某种形式的平衡——股价稳定态。

股市运行基础是市场博弈

现代股市交易制度，采取价格优先、时间优先为原则的撮合交易方式成交。在股票撮合交易过程中，买入方既想买入股票，同时

图 1-1 《精准狙击——股价稳定态理论与应用》封面

又希望成交价格尽可能低；而卖出方既想卖出股票，同时又希望成交价格尽可能高，买卖双方就成交价格，彼此之间构成一对典型的市场博弈。因此，股价就是市场博弈的产物。市场博弈是股市最基本的特性之一，我们平常说的"多空搏杀"正是股市博弈本质的口语化表现。

现代股市影响到社会活动的方方面面，早已从早期的股票交易场所，演变成为投资者、上市公司、政府等各种社会力量广泛参与的社会持续性综合博弈进程。所有参与的各种社会力量不断分化，并最终形成多空两种力量，展开直接角逐博弈。

博弈最终趋于某种平衡

数学博弈有胜、负、和三种结果，但作为多方参与的复杂的社会大博弈，最终结果只有一种，那就是，趋于某种形式和某种程度的平衡。如朝鲜战争朝韩双方最终以三八线划分；经过八年战争，伊朗、伊拉克最终回到战争前的边界线；欧洲几百年来战争频繁，甚至经过两次世界大战后，各个国家边界线整体上并没有特别大的变化。

股市作为一种人类社会高级的智力博弈活动，与其他社会博弈的最终结果也一样，其结果也是趋于某种形式和某种程度的平衡。

股市这种平衡集中表现在：

（1）在任何一个时间点，股价、指数有个具体的价位与点位。

（2）在某些相当长的时间内，股价、指数变动整体上会稳定在某个相对固定的价位、指数区间内。

对后者，我们把它称为股价稳定态。

如图1-2所示，在每个交易时刻，150019银华锐进价格有它具体的价位；但近期价格基本都在0.515~0.538元。我们认为它股价就在0.515~0.538元稳定态内波动。

图1-2　150019银华锐进日K线图

在本书中，如图 1-2 所示，我们用长条形框，来标志 K 线图上的股价稳定态；用 0.515~0.538 元、（0.515，0.538）元来描绘所标志的股价稳定态。

2. 股价稳定态特征

股价稳定态一般具有如下明显的三个特征。

稳定态具有持续性

股价一旦进入某个稳定态内，则会在该稳定态内持续波动较长一段时间，少则一两个月，多则数月，甚至数年。稳定态是种持续的平衡，具有持续性。

如图 1-3 所示，从 2014 年 7 月底到 2014 年 10 月中旬，601766 中国中车股价围绕 5.10~5.30 元稳定态在波动，并持续了三个多月。

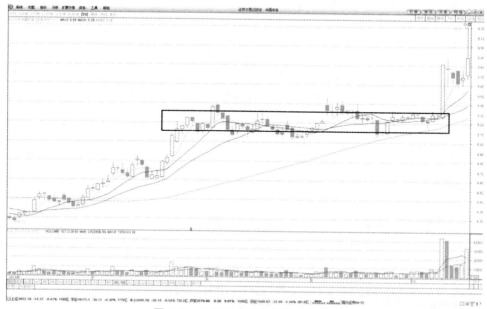

图 1-3　601766 中国中车日 K 线图

稳定态具有动态性

股价在稳定态内并不是不会大涨大跌，而是即使经历过大涨大跌，股价也会很快回到该稳定态内做日常波动。稳定态是种动态的平衡，具有动态性。

如图1-4所示，002474榕基软件股价分别在A点跌破了稳定态，在B点冲出稳定态。由此可见，股价在稳定态内也会出现较为剧烈的波动。

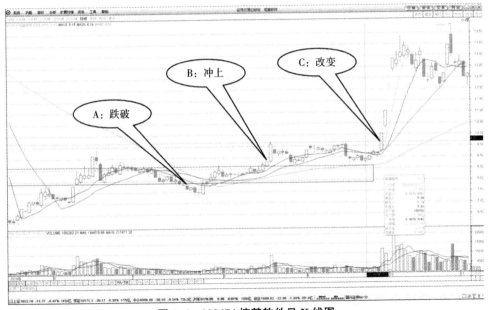

图1-4　002474榕基软件日K线图

稳定态具有可变性

稳定态是种动态的平衡，具有可变性。当公司业绩、经营状况等影响股价的因素发生变化时，稳定态有可能会发生移动或改变，甚至进入不稳定状态寻找定位于新的稳定态。如图1-4所示，榕基软件股价在C点发力上攻，最终进入了更高位的稳定态。

3. 两大假设与四大推论

为了有助于大家更好地认识、理解股价稳定态理论，我们在此引入两个与此有关的假设：

（1）个股股价终将定位于某个稳定态中。

（2）股价是当前社会心态的集中体现。

根据股价稳定态理论及其假设，我们进而可简单地推导出如下四个推论：

（1）股价总是从一个稳定态运动到另一个稳定态。

（2）股价运动的目的和方向是明确的。

（3）股价变化是能够被高度认识的。

（4）通过改变投资者心态能改变股价。

个股股价终将定位于某个稳定态中

股价稳定态理论告诉我们，股价要么处于稳定状态，要么处于不稳定状态，不存在第三种情况。

处于不稳定状态中的个股，实际上是处于寻找和定位于某个稳定态短暂的过渡性过程。该股最终将和所有处于稳定态中的个股一样，必将定位于它的某个稳定态中。因此，我们认为：个股最终将定位于某个稳定状态中。

如图1-5所示，600446金证股份股价在A点、C点都处在稳定态内，在B点则处在两个稳定态之间，我们认为它最终会进入相邻的某一个稳定态内。

图 1-5　600446 金证股份日 K 线图

　　个股最终将定位于某个稳定状态中，根本原因在于股市作为一种人类社会高级智力博弈活动，与其他社会博弈一样，最终结果就是趋于或达到某种形式和某种程度的动态平衡，即股价长期在某个相对固定的价格区间内做窄幅波动。这种窄幅波动为特征的动态平衡，也是持续的博弈市场的唯一表现方式。

推论 1：股价总是从一个稳定态运动到另一个稳定态

　　根据股价稳定态理论，既然个股最终将定位于它某个稳定状态中，那么，股价后市走势只存在两种可能：

　　（1）继续在现有稳定态内做日常波动。

　　（2）运动到新的稳定态内做日常波动。

　　因此，股价运行方式总是从一个稳定态运动到另一个稳定态。

　　如图 1-5 所示，金证股份股价从低位的 13.80~15.50 元的稳定态，运动到 23.80~25.80 元的稳定态内。

推论 2：股价运动的目的和方向是明确的

依据股价稳定态理论及推论 1，个股最终将定位于某个稳定态中，股价总是从一个稳定态运动到另一个稳定态。那么，股价运动的目的非常明确——目标稳定态。

既然股价运动的目的就是目标稳定态，那么，我们只需要对比目标稳定态与现有稳定态的空间关系，就能推断出在特定的阶段内，股价的运行方向。

（1）目标稳定态高于当前稳定态，后市上涨。

（2）目标稳定态低于当前稳定态，后市下跌。

（3）目标稳定态与当前稳定态一致，后市横盘整理。

如图 1-5 所示，金证股份目标稳定态 B 在现有稳定态 A 上方，所以金证股份股价在 2014 年 1 月期间，整体上在不断震荡走高。

推论 3：股价变化是能够被高度认识的

依据股价稳定态理论及推论 1、推论 2，股价运动是从现有稳定态运动到目标稳定态。那么，如果我们能分析并找到目标稳定态，不仅能知道该股在某段时期内大致走势，而且还能测算出股价上涨/下跌幅度。因此，股价变化完全是能够被高度认识的。

充分运用股价稳定态理论，股票投资可以很简单：寻找到该股的下个稳定态，并根据目标稳定态在股价的上下位置买入或卖出，从而让炒股成为一件轻松快乐的事。

如图 1-6 所示，在 2013~2015 年的大牛市里，我正是一早找到 600571 信雅达股价会进入 80 元一带的稳定态内，便赶紧在 12.50 元的低位布局，坚定信念并耐心持有，最终获得 8 倍收益。

图 1-6　600571 信雅达日 K 线图

股价是当前社会心态的集中体现

现代社会心理学认为，社会心态是一定社会发展时期内，弥散在整个社会或社会群体中的社会心境状态，是整个社会感受、社会情绪基调、社会共识和社会价值观的总和。事实证明，股市行情（股价）与投资者的社会心态之间存在极其紧密的相辅相成、循环、互动的正相关性关系。有什么样的社会心态，就会对应什么样的行情。

如图 1-7 所示，2014 年 11 月下旬，上证指数从 2453 点一路上攻到 3000 多点。在财富效应的刺激与带动下，大家纷纷携带资金涌入股市，沪市成交量迅速飙升到 7700 亿元，而在 5 个月前，上证指数还在 2000 点附近徘徊，成交量不到 700 亿元。

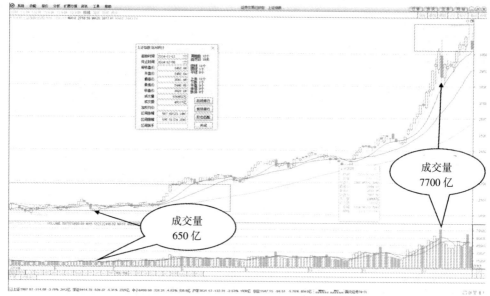

图 1-7　上证指数日 K 线图

综上所述，既然有什么样的社会心态，就会对应着什么样的股市行情。我们可以得出这样一个推论：

推论 4：通过改变投资者心态可改变股价

股价与大盘点位集中体现了当前的社会心态。有什么样的社会心态，就会出现与之相对应的行情。那么，通过改变投资者心态，诱导投资者投资行为，就能够改变股价走势与行情状态。改变投资者心态的最有效的途径就是舆论宣传与社会教化。前者短期收效很明显，后者则注重长期收效。

通过社会舆论大肆宣传，能够影响到很多非理性投资者的判断，改变他们的投资行为。这一点早已被部分机构投资者熟知并广泛加以利用。一些机构正是以此充分利用、炮制各类利好大力炒作个股。

2013 年，市场就利用中央关于文化振兴的口号，大肆炒作传媒股。如图 1-8 所示，业绩平平的 300052 中青宝股价竟出现近 10 倍的上涨。

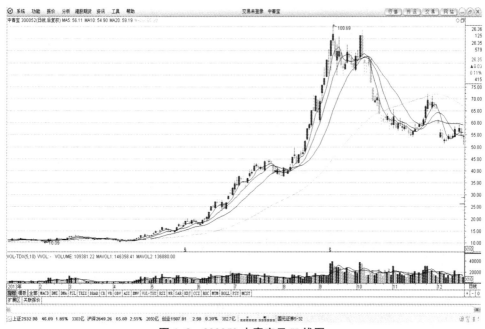

图 1-8　300052 中青宝日 K 线图

4. 股价稳定态优势明显

股价稳定态理论是一种基于股价自身波动规律的股票理论，与当前其他股票理论与分析方法相比，具有的优势非常明显。

股价稳定态理论的强大应用

股价稳定态理论直接来源于股票二级市场交易实践，具有更强的应用针对性和实战技巧性。理论能够解决投资者在交易过程中遇到的如高抛低吸、建仓、逃顶等各种难题。

如图 1-9 所示，利用股价稳定态，可帮助投资者在交易过程中解决遇到的如高抛低吸、建仓、逃顶等一系列难题，甚至除权、融资融券买卖点选择等。具体内容，可参考《精准狙击——股价稳定态理论与应用》一书。

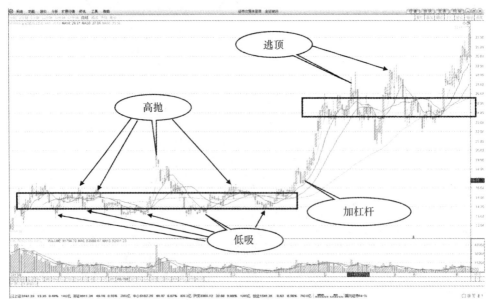

图 1-9　600446 金证股份日 K 线图

股价稳定态的优势明显

与当前被广大投资者广泛采用基本分析方法、技术分析手段相比，股价稳定态理论具有的优势非常明显，一目了然（见表 1-1）。

表 1-1　股价稳定态的优势对比表

	基本分析	技术分析	稳定态
假设前提	市场是弱势有效	历史总不断重复	股价定位于稳定态中
投资行为	理性的	非理性的	理性、非理性并存
股价本身	公司估值问题	市场自由定价问题	股价自身演变问题
股价波动	趋向价值	沿趋势波动	趋向目标稳定态运动
关注层面	上市公司	市场状况	股价系统整体状况
分析方式	间接估值	被动跟踪	直接推演

续表

	基本分析	技术分析	稳定态
研究对象	反映公司基本面的财务报表、行业状况等	二级市场形成的各种数据、K线形态等	股价系统状态与影响股价变化的各种因素
投资长期	有	无	有
操作中期	弱	弱	强
指导短期	无	有	强
适用投资	长期投资	短线操作	中、短期投资操作
掌握	难	易	易
运用	烦琐	杂乱	简单

第二章
从 0 到上亿

本章是我参与 2013~2015 年大牛市整个过程的完整回顾。在上轮大牛市里，我首度利用独创的股价稳定态理论成功地把握了行情的产生、发展与演变，并最终在最高点逃顶。在 2014 年 7 月至 2015 年 6 月短短一年内，管理的某账户复合收益达 12 倍。

为了方便大家阅读，我根据时间、行情演变、交易节奏，将交易情况划分为如下六个阶段：

（1）前期准备阶段，2012 年 12 月至 2013 年 8 月。

（2）初期建仓阶段，2013 年 8 月至 2014 年 2 月。

（3）早期坚守阶段，2014 年 2 月至 2014 年 6 月。

（4）中期交易阶段，2014 年 7 月至 2015 年 4 月。

（5）后期收获阶段，2015 年 4 月至 2015 年 6 月。

（6）末期反击阶段，2015 年 6 月至 2015 年 8 月。

一、前期准备阶段

行情总在绝望中产生！

作为一个优秀的股票交易员，要把握好一轮大牛市，就必须在大牛市启动前就做好行情预先判断、板块及个股选择、资金筹备、制定交易策略等各方面充足的准备工作。

从时间上看，从 2012 年下半年开始我就意识到股市在酝酿一轮大牛市，至 2013 年 8 月正式与人合作前，都属于前期准备阶段。

1. 正确判断当前股市

行情总在绝望中产生！

每当大家都对股市绝望时，我反而会很乐观。因为这往往是黎明前的黑暗，意味着离大牛市不远了。

在 2012 年下半年，面对低迷的市场，我就预感到中国股市正在酝酿一轮大行情。这并非我一厢情愿的幻觉，而是基于当时股市被低估的现实，对国家政策的理解，以及对社会资金走向的预期等多个角度判读，而得出的结论。

从历史上看，任何一国股市要走出一轮大牛市，必须同时具备内在、外部、国家等多种因素支持。

内在因素：股市整体被低估，经济结构相对健康。

外部因素：社会上资金相对宽松，投资者做多意愿强烈。

国家因素：社会安定，政府推动支持行情。

股市走牛的内外两方面因素已基本具备，在政府强力推动与支持下，股市则会最终演变为一轮大牛市。

中国股市被严重低估

经过多年的熊市调整，到 2013 年初，上证综指整体在 2000~2200 点波动，二级市场上，低于 10 倍市盈率大盘蓝筹股比比皆是；近 10% 个股跌破净资产；几十家上市公司的分红率已超过一年期存款利率。中国股市泡沫基本被挤出，而且被严重低估，个股、大盘都处于跌无可跌的状态当中。

低估的市场，吸引了大量社保资金、QFII 等资金的关注，并不断逢低买入，不断买入的还包括大量的产业资本。毫无疑问，大量先知先觉的社会资金不断涌进，最终必然会改变中国股市的运行方向。

资金供给趋向宽松

2009 年，为应对全球金融危机，中国启动"4 万亿元"投资刺激经济，但海量的信贷资金随即引发了全面通货膨胀。我国央行被迫收紧银根，回笼货币，解决了流通领域货币泛滥的问题。但社会流通货币供应不足造成中小企业融资困难，并在温州、鄂尔多斯等局部地区产生金融风暴，引发一系列破产潮。[①]

中小企业破产频发，不仅会导致中国内需不足，也会成为局部社会的不稳定因素。因此，银根紧缩是万不得已的下下策。2011 年 11 月，宏观调控基本实现目标，我国货币政策随之发生改变。

---

① 罕见民间金融风暴席卷温州，http: //finance.eastmoney.com/news/1366，20110930166689355_2.html。

央行多次下调存款准备金率与存贷款利率：

在 2011 年 12 月 5 日下调存款准备金率 0.5 个百分点；

在 2012 年 2 月 24 日下调存款准备金率 0.5 个百分点；

在 2012 年 5 月 18 日下调存款准备金率 0.5 个百分点；

2012 年 6 月 8 日起下调一年期贷款基准利率 0.25 个百分点；

2012 年 7 月 6 日起下调一年期贷款基准利率 0.31 个百分点。

央行存款准备金率与贷款利率连续下调表明，我国的货币政策已逐步发生全面转向，实施相对合理、健康，甚至宽松的货币政策。到 2012 年中期，"保增长"成为政府工作的重中之重，这决定了中国今后几年内货币政策将会非常宽松。

社会资金终将涌入股市

在宽松的货币政策与资本逐利性的驱使下，庞大的社会游资必然会寻找新的投资渠道。当前中国以房价为代表的资产价格，以铜铁为代表的原材料价格，以金银为代表的贵金属价格都处在历史高位。因此，被低估的股市，自然会成为社会游资袭击的新目标，并推动中国股市一路走高。

在股市强大的赚钱效应的示范下，会吸引更多的场外资金进来，进一步推动股市上涨。在这样的良性循环下，中国股市会持续出现量增价涨的局面。

后来行情发展确如当初设想的那样。如图 2-1 所示，2014 年 12 月 12 日，沪市单日成交金额达到 7700 亿元，是 6 个月前的 12 倍。伴随沪深两市成交量不断增长的同时，投资者融资融券余额也出现井喷式增长：从年初的不足 1000 亿元，暴涨至 9000 多亿元。这些都显示投资者强烈看好股市，各路资金疯狂涌进股市。

图 2-1　上证指数日 K 线图

对资本市场来说，缺的并非是资金，而是信心与机会！

国家推动股市健康发展

2012 年，世界正掀起以"工业 4.0"为标志的新一轮工业化革命，中国必须迎头赶上，而国内却是一方面货币超发，另一方面企业融资困难，IPO"堰塞湖"高企。因此，充分运用资本市场，推动企业融资从间接融资向直接融资转变，是解决当前经济困境的最好途径。我国政府比谁都更渴望有一轮大牛市的到来。

2013~2015 年大牛市，确实受到中国政府的精心呵护和推动，故有"国家牛市"之说。在 2014 年 8 月底，上证指数在 2200 点一带盘整不涨，新华社在 8 月 31 日至 9 月 4 日的 4 天时间里，连续发表 9 篇社论力挺中国股市。中金所宣布下调股指期货保证金，股指期货多空平衡偏向多方，在股指期货上涨的带动下，在 2014 年 11

月中旬大盘指数再度发起一轮逼空行情，被市场寄予厚望的沪港通正式推出，效果差强人意，上证指数再次受阻 2500 点。11 月 21 日，中国人民银行发布公告宣布降息，紧接着中国股市掀起一轮井喷式上涨。2015 年 6 月股灾期间，政府果断投入巨资进场救市。

从内外因素及政府态度看，可以推断出股市新一轮行情即将呼之欲出。

2. 预先勾勒行情路线

谁想得清楚，谁就能说得清楚！

每到年初，我都会对当年股市行情走势做个基本的预判。得益于对政策经济的把握、对市场敏锐的嗅觉、对股价稳定态理论的运用，我多次成功地预判到行情发展演变。这正是我在大熊市的年份里，也能实现 20% 以上收益的根本原因。预判并不是为了证明对错，而是用于指导自己当年的操作。因此越清晰越好！

在 2013 年初，我就对上轮行情进行了全面推演：国民经济增长放缓—国家降准降息促发展—股市投资价值凸显—产业资金流入股市—推动股市大涨—社会资本涌向股市—股市疯狂大涨—上涨过度自我修正—股市大幅调整。上轮行情发动、发展与演变，几乎是我推演的翻版，只是更加疯狂。

2012 年，大宗商品、贵金属、文化产品价格纷纷见顶回落，而此时股市经过充分调整，处于历史估值低位，先知先觉的资金开始进入股市，推动 2013 年创业板走牛。到 2013 年底，创业板指数上涨近 3 倍，创业板上涨 3~5 倍的个股比比皆是，而主板指数却盘整不涨。因此，主板在 2014 年全面启动上涨只是大概率的事件。我在

2014 年初大盘极度低迷时，对大盘作了全面预判，断定上证指数年内会上涨 1000 多点，这在当时是惊世骇俗的。

我始终认为，上轮股市行情因经济低迷、利率下行、超发货币逆向流动诱发的行情，而非实体经济快速发展带来的业绩增长推动行情，这决定了行情的高度有限。

3. 积极寻找超级牛股

同样一波大牛市，同样从底部起来，个股涨幅悬殊。上轮大牛市从 2013 年初开始，到 2015 年 6 月中旬期间，大部分个股上涨只有 2~3 倍，但也不乏涨幅十多倍的个股。我管理的账户能获得超高收益，关键在于我成功寻找发掘到上轮行情的信雅达、金证股份、同花顺等超级大牛股。

那么，我是怎么寻找到这类大牛股的？基于简单的几个原则，用反推的方式，借助对公司基本面的跟踪把握，就能自上而下地筛选出超级大牛股。

我根据如下六个步骤，轻松选出上轮行情的信雅达、金证股份、同花顺等超级大牛股。

（1）牛股集中出自走势最强的板块内。

（2）该板块所在行业存在持续的政策支持。

（3）在板块中删除明显不符合的上市公司。

（4）个股 K 线形态上符合一定的审美学。

（5）精选数只候选牛股建仓跟踪。

（6）走势上要契合当初的预期。

大牛股扎堆出自走势最强的板块里，因此，超级牛股可直接在最强的板块里找。上轮大牛市里，涨幅最大的就是 300059 东方财富，最大累计涨幅超过 70 倍。在它的带领下，互联网金融板块涌现出信雅达、金证股份、上海刚联等一大批涨幅超过十多倍的大牛股。

图 2-2 清晰地显示，300059 东方财富在 2012 年 12 月 4 日至 2015 年 6 月 8 日，股价从 7.31 元飙升到 518.67 元（复权），累计涨幅超过 70 倍。它是上轮大牛市里涨幅最大的个股。

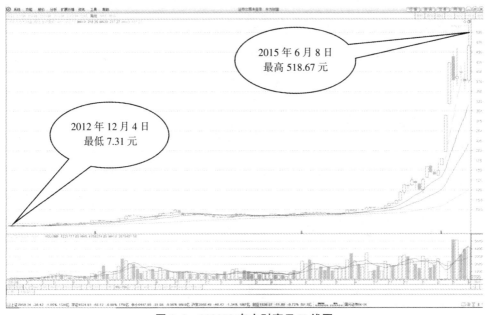

图 2-2　300059 东方财富日 K 线图

上轮牛市，创业板在 2013 年 12 月率先启动。带领创业板指数上涨的集中在以下三个板块：

（1）文化娱乐板块：以光线传媒、华谊兄弟等为代表。

（2）医疗科技板块：以卫宁健康、鱼跃医疗等为代表。

（3）互联网金融板块：以东方财富、上海刚联为代表。

虽然这些行业都受到国家政策的支持，但文化娱乐、医疗科技板块规模整体偏小，只有互联网金融板块能渗透到社会的每个角落。因此，引领大牛市的重任最终落到互联网金融板块上。

上市的互联网金融公司良莠不齐，做长线投资一定要剔除那些存在明显问题的公司。我一开始也很看好同花顺，但因该公司与万得资讯存在法律纠纷，只好暂时将它排除在外。

所选的个股 K 线形态上符合自己的审美学，就是走势上要自己看得上眼。我选择了信雅达、金证股份作为标的建仓，最大的原因还是它们很符合我的选股审美学——股价稳定态理论。

心动不如行动。既然有强烈看好的个股，就可根据自己的资金量，在里面精选数只候选牛股建仓进行长期跟踪。

最后，还要做好必要的风险控制。如果所持有的个股走势契合当初买入的预期，可一路耐心持有；如果走势与自己预期不符，应主动寻找原因，修正自己的判断，甚至及时换股。

4. 筹备资金积极入市

对每一位梦想用股票来改变自己的交易人员来说，仅仅能准确判断出市场机会还是不够的，还需要有一定体量的资金积极入市交易。

筹措资金无非如下三种方式：

（1）自有资金。

（2）外部融资。

（3）代客管理。

自己有足够体量的资金自然是再好不过的了，但大部分人开始都没有。向外部融借的资金一般要承担较高的利息或杠杆，这会给投资者带来很大的心理负担，市场出现较大的波动，就很可能导致你账户被强平；因此，除非你内心足够强大，否则尽量不要融资交易。代客管理账户，收取一定的比率收益分成，也是可接受的方案。

一次偶然的机会，2013 年 5 月，我认识了当时合作伙伴老×。经过一段时间的沟通、交流、实践考察，经历"大钱荒"的生死考验后，2013 年 8 月，他决定出资 500 万元与我合作，一起把握这轮大牛市。

当然，实际过程远没我写的这么轻松简单，而是经历了理念沟通、行情探讨、实践考验等众多环节。我充分向他展示了自己对市场的深度理解，并深信能挖掘出涨幅居前 10 的个股。我丰富的交易经验、对行情的把握能力等，才是最终合作的前提。

如果让我重新选择，我宁可放弃这次合作。这是后话。

理念沟通

理念沟通对我来说是小事一桩。

我先向他详细介绍了我独创的股价稳定态理论，以及如何利用该理论进行波段操作、买卖点把握等。

"A 股虽然牛短熊长，但个股波动很大，机会远高于欧美股市。"

"大盘 1 年通常有两次机会。3~5 月是公司集中出年报的时期，业绩增长、高送配的股年报行情；9~11 月，重组股会有表现。"

我向他展示自己对中国股市的理解。

"个股波动很有特征，每个波段基本上有 30%~50% 的空间。掐头去尾，可把握其中的 20%~30%。"

"我们只要 1 年把握 2 次，1 年收益就有 50%~60%。"

"行情不好时，适当分散资金，做好小波段交易。牛市来时，集中资金，选只大牛股，好好把握一下，翻几倍也是可能的。"

我接着谈论对交易的建议。

"那你对行情怎么看？"老×似乎对我说的产生了兴趣。

对行情怎么看？这真问对了人。

"中国股市正酝酿一轮超级大牛市！"我不假思索地直接回答。

行情探讨

中国股市正酝酿一轮超级大牛市！我的判断是有根有据的。

"中国货币超发非常严重。"——这是路人皆知的事实。

"之所以没有引发严重的通货膨胀，是因为中国有两个巨大的蓄水池：一个是楼市，另一个是股市。"

"杭州房价在 10 年时间内涨了十多倍，全国也差不多，泡沫非常严重，所以政府出台一系列政策遏制房价上涨。"

"现在，房价上涨已被遏制住。那么，楼市的资金会转向哪里？几十万亿元的楼市资金流向哪里，哪里就会掀起惊天巨浪。"

"这几年涌现出'蒜你狠''豆你玩''糖太宗''姜你军'等一系列网络新名词，正是超发货币流向生活必需品引起的恶性通胀现象。"

"如果楼市资金进一步流入居民消费领域的话，必然会引发社会问题，导致社会不稳定。这是政府绝对不能接受的。"

"大宗商品、贵金属、文化藏品都处在高位，只有股市处于历史估值低位。楼市出来的资金最可能的就是涌向股市。"

"当然，楼市资金流向股市有个过程，但今年创业板已涨上来。

每轮行情都是小盘股先涨。创业板炒作到位后，主板才会起来。"

"新一届政府对经济发展提出新的思路。要实现经济发展模式转型、完成产业升级都需要海量的资金，都离不开资本市场的支持。"

"在资金推动和政策支持下，我国股市必将迎来一轮大牛市！"

如图 2-3 所示，创业板指数在 2012 年底探底成功后，随即发动一波明显的上涨行情。到 2013 年 5 月，强势上涨势头已十分明显。

图 2-3　创业板指日 K 线图

要成为一名出色的操盘手，不仅要精通技术分析，也要深谙政治经济学原理，对宏观经济、国家政策的把握也要非常到位。

"你帮我分析下手上的一只股票如何？"老 × 对我的看法基本认可。

有强大的股价稳定态理论系统做后盾，分析个股对我根本就不是事。

个股诊断

老×让我分析的是他一个账户重仓的 600622 嘉宝股份（现在的光大嘉宝），一只地产股。

"根据我的股价稳定态理论，这只股在 6.10~6.80 元稳定态内波动，在今后 3~5 个月，甚至更长时间内根本不会有行情。"

打开 600622 嘉宝股份日 K 线图，我随手画出它的稳定态，并分析。

如图 2-4 所示，600622 嘉宝股份（光大嘉宝）一直在 6.10~6.80 元稳定态内横盘震荡，直到 2014 年 9 月才脱离这个稳定态；走势比上证指数还要弱很多。对弱势股最好的策略是尽早换股。

图 2-4　600622 嘉宝股份日 K 线图

"我不知道你为什么买这股。我是不买地产股的。"我补充说。

"地产股属于重资产行业，股价弹性太小。"我解释道。

"地产股众多，真要买应选择招、保、万、金！因为这几只地产股盘大、业绩优良，能影响到指数。"

"地产股要涨，一定是这几只先起来。"

"这只股没特色，也不可能有什么特别大的题材，在资金争夺中处于劣势。大盘起来，这股未必会跟着马上起来。"

"那你有什么建议？"老×问道。

"不如换股。"我直接建议。

"你有什么好股推荐？"

这不是考验我选股能力吗？

这对我而言也是 very easy 的事。刚好，我在当年初向大家强力推荐了只大牛股。

选股考察

2012 年 12 月 12 日，300251 光线传媒投资拍摄的《人再囧途之泰囧》（以下简称《泰囧》）影片在中国内地上映，上映首周票房达到 3.1 亿元人民币，创造了华语片首周票房纪录。此后，票房不断被刷新，截止到 2013 年 2 月 17 日，《泰囧》获得 12.67 亿元的票房。

《泰囧》不断刷新的票房，引起了我的极大关注，并认定改片收益能大幅增加上市公司光线传媒 2013 年的业绩，并导致股价暴涨。我早在 2012 年 12 月下旬就向周边客户公开推荐该股。

如图 2-5 所示，2012 年 12 月 25 日我在个人财经微博上推荐了 300251 光线传媒，很保守地认为股价至少有 100% 的上涨空间。该股在我推荐后的 8 个月内，最终涨幅高达 700%。

如图 2-6 所示，2012 年 12 月 17 日光线传媒股价突破 22.00~23.80 元的稳定态，并拒绝回到该稳定态内。强势突破进入更高的

投资大视野

2013-5-27 18:48 来自 微博 weibo.com

夫权已近70；位列涨幅第一 //@游戏牛熊:已超额实现 //@游戏牛熊:再创新高，估计很快达到更高

@投资大视野 🎈

【稳定态测市】300251 下个稳定态预计在（51。60--54.60）。内部推荐26.50；上涨空间100%；预计30--5#微博桌面截图#0个交易日。本结论乃根据本人自创的股市动态博弈平衡论预测，纯粹游戏，照此操作，后果自负！！

2012-12-25 19:38 来自 微博桌面

图 2-5　我的新浪微博截图

2012 年 12 月 17 日突破 22~23.8 元稳定态拒绝回调

2013 年 7 月 23 日创出 45.30 元新高

2013 年 4 月 12 日每 10 股派 4.00 元送 11 股

图 2-6　300251 光线传媒日 K 线图

稳定态意图十分明显。我果断在阴线回调时介入，并向周边朋友强烈推荐。

2013 年 5 月初，我第一次跟老×交流时，光线传媒股价已上涨至 48.00 元（复权），客户账户收益超过 80%。在 2013 年 6 月底的"大钱荒"期间，该股不跌反涨。到 2013 年 7 月 24 日，除权后股价创出 45.30 元（复权 95.53 元）新高，已是我最初推荐的 3.50 倍。

成功经历 2013 年 6 月底"大钱荒"的生死考验，才是老×主动找我帮他操作的根本原因。

生死考验

2013 年 6 月，因银行系统流动性极度紧张发生"钱荒"，导致股债双杀局面。

这场波动始于 2013 年 6 月初，经历了如下四个阶段：

阶段 1：2013 年 6 月 4~8 日为货币市场利率的第一轮显著上升期。

5~7 日，光大、兴业等中型银行出现违约。

6 日，农业发展银行金融债"流标"。隔夜回购利率达到 6.15%。

7 日，利率继续上升，隔夜质押式回购利率升至 8.68%。

阶段 2：6 月 9~18 日为货币市场平静，股票市场出现明显下跌。

10~12 日，端午节假期，各市场闭市。

13 日，股市大跌，上证综指收于 2148 点，下跌 62.5 点，跌幅 2.83%，跌破 2200 点整数位。

14 日，当年第四期记账式贴现国债"流标"。

17 日，央行要求商行"加强对流动性影响因素的分析和预测"。

18 日，货政司召开货币信贷形势分析会。隔夜回购利率为 5.67%。

阶段 3：6 月 19~24 日为货币市场利率第二轮上升期，股票市场跟随国际市场出现大跌。

20 日凌晨 2：30（对应美国时间 19 日下午），美联储主席伯南克发表讲话明确释放退出 QE 信号，全球股市、大宗商品大跌。

20 日为本轮利率上升的最高点，质押式回购隔夜、7 天、14 天加权利率分别为 11.74%、11.62%、9.26%。上证综指收于 2084 点，下跌 78 点，跌幅 2.77%，跌破 2100 点整数位。

21 日，货币市场资金利率明显回落。

22 日、23 日两日（周末），工行因系统升级多地银行卡不能取现，被报道为与"钱荒"有关。

24 日，股市大跌，上证综指收于 1963 点，下跌 196 点，跌幅 5.3%，跌破 2000 点整数位。

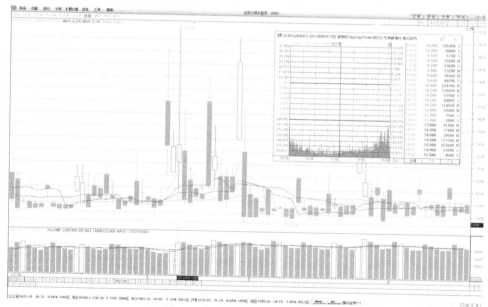

图 2-7 1 日回购利率日 K 线图

阶段 4：6 月 25 日至 7 月 2 日货币市场利率逐步回落。

25 日，股市剧烈波动。开盘后震荡走低，上证综指一度跌逾 5%，盘中最低跌至 1849.65 点，创四年来新低。

25 日，央行向多家银行提供流动性，利率逐步回落，市场渐渐趋于平稳。

2013 年 6 月的"钱荒"是史无前例的。我因故在 2013 年 6 月 23 日晚到杭州工行某支行网点取钱，七八台 ATM 机上无任何钱可取，估计这在银行历史上也是第一次。

开始合作

也许是 300251 光线传媒股价在 2013 年上半年的惊人表现，涨幅在沪深市场名列前 3；也许是老 × 自己账户上的股票不涨反跌。他终于坐不住了，2013 年 8 月，老 × 找到我。

"上官，我把大账户交给你。你在主板中找只大牛股赌一下。"

"所有资金都买进。就买一只！"老 × 强调道。

"就买一只风险太大。你的账户适合买 3~5 只股。"我建议道。

"真看准，买一只就可以了。"老 × 说道。

"万一看不准呢？"我反问道，股市又不是我开的。

"那买两只吧。板块一般有双龙头，最好两只一起买，这样不会错过。"最终，我做出让步。

老 × 也不再坚持，接受了我的建议。

5. 处理现有账户持仓

当初老 × 交给我操作的账户总资产为 456 万元。当时账户上六成仓在 002236 大华股份上，市值超过 330 万元。我认为该股接下来不仅没机会，而且可能会大跌，当即要求把这些股票择机全部清掉。

"在牛市里，大华股份会大跌？"老×惊讶地望着我，简直不敢相信自己的耳朵。

"是的！一定跌！"我回答得很直接。

"这股业绩、质地都很好。"

"大华股份就在我们对面，我每天看到有大量货车进出。公司经营绝对可靠。"老×有点不相信自己的耳朵。

"我没怀疑公司经营问题。"我说道。

"大华在这几年的大熊市里是大牛股，一直涨。怎么可能在牛市里大跌呢？"老×依然不解。

其实这正是我要说的事，一些熊市大牛股在牛市初期会大跌。

"大华自上市以来累计上涨超过 15 倍，获利盘太丰厚了。熊市里，大小机构抱团取暖，导致股价越走越高。"

"但牛市开始，市场机会多多。一些嗅觉敏锐的资金会提前兑现利润，从底部的个股找机会。从而把股价打下来。"

"前几年重庆投巨资建设'平安重庆'，大华签了几百亿元的订单。现在重庆政府换届，那几百亿元的订单可能有影响。大华已在 40.50~43.50 元构筑扎实的稳定态，更高的稳定态暂时遥不可及。应该主动放弃。"

我简单阐述我的看法，并委婉地表达了自己的观点。

如图 2-8 所示，大华股份已在 40.50~43.50 元构筑稳定态内高位横盘，2013 年 8 月底，我在大华股价冲上稳定态上轨开始减仓。2014 年 1 月，大华股价向下破位，一路杀跌至 24.00~26.00 元稳定

图 2-8　002236 大华股份日 K 线图

态内；并在大牛市已正式启动的 2014 年 7 月 24 日创出 21.13 元新低。此时股价距我清盘时已腰斩。

可谓是一语成谶，熊市里的大牛股，也许会倒在牛市里。

6. 拟订可行交易策略

在正式接管账户前，我们还对如何进行交易进行了交流。

"大牛股一定扎堆出在最强的板块里。"

"这轮创业板走得最强的就是 300059 东方财富。大牛股可直接在互联网金融科技类公司里找。"

我直接表明我的选股思路。

图 2-9 清晰地显示，在上轮牛市行情里，大牛股 300059 东方财富在 2013 年 5 月就出现 3 倍的上涨。

图 2-9　300059 东方财富日 K 线图

"在股价启动前，在底部建好底仓。"

"通过日常 T+0 高抛低吸、小波段操作，不断降低持股成本。"

"这样能提高收益。股价翻一倍，收益可能会有 2 倍。"

"在行情转暖后，可适当加杠杆融资交易。进一步提高收益。"

对于交易策略，我想得美美的。

末了，我还建议：

"可考虑分 50 万元资金做股指期货，单向做多，浮盈不断加仓。"

"成功的话，一波牛市下来，能实现几十倍、上百倍收益。万一失败，也就损失 30 万~40 万元保证金，对你也是可以承受的。"

我当时提的这个建议完全是为了提高收益，却不想成为了噩梦的开始。

赌性浓重的老×，一听说能赚几十倍，当即要拿 100 万元做股指期货。后在我的劝说下，先投入 50 万元。几个月后，发觉温吞水的股票市场毫无生机，而高杠杆的股指期货波动上蹿下跳、机会多多，又先后再投入 100 万元；2014 年又被逼加仓 60 万元，共计 210 万元。

在 2013 年 12 月至 2014 年 4 月那波指数杀跌中，老 × 轻信他人做错方向，遭受重创。这是后话。

二、初期建仓阶段

这个阶段主要目的是寻找长线大牛股，制订相应的交易计划，逢低建好仓位，并利用大盘与个股波动机会，适当高抛低吸，寻求降低持股成本。

这个阶段要做到如下五点：

（1）适当分散，控制整体风险。

（2）逢低买入个股，建好底仓。

（3）适当短快操作，获取收益。

（4）积极高抛低吸，降低成本。

（5）集中资金，减少手中持股。

如果大盘转暖，个股上涨势头相对明确，可适当运用金融杠杆，增加投资收益。这个阶段从 2013 年 8 月接管账户开始合作到 2014 年 2 月，经历了著名的"光大乌龙指"、IPO 重启等事件。

1. 建仓超级大牛股

我接手账户后，选择信雅达、金证股份这两只股作为本轮大牛市的长线标的进行建仓。

我最终选择信雅达、金证股份这两只股，是因为这两家公司：

（1）属于"互联网金融"板块——方向完全正确。

（2）经营稳健。两家公司上市十多年，经历时间考验，负面报道很少——这对长期投资来说很重要。

（3）盘子适中。信雅达总股本 2.02 亿元、金证股份总股本也就 2.67 亿元，盘子偏小——满足我个人选股偏好。

（4）近期未大涨。这两股最近并未大涨——暂时没积累风险。

（5）走势完全符合本人的选股审美学——股价稳定态理论。这才是最重要的。

如图 2-10 所示，2013 年 8 月，信雅达股价有盘出 2009 年以来构筑的（11.00，12.00）元的稳定态向更高的稳定态运动态势。一旦成功突破，后市会不断攀升。根据我自创的股价稳定态理论，此时在稳定态上轨附近是最好的买入点位。我最终以 12.50 元成本完成 20 万股信雅达建仓目标。

如图 2-11 所示，2013 年 6 月至 2014 年 1 月，金证股份股价一直在（14.10，15.80）元的稳定态内窄幅震荡。根据我自创的股价稳定态理论，在稳定态下轨下方建仓，是非常安全的。于是，我在 13.50 元一带不断买入金证股份。股市谚语云"横有多长，竖有多高"，耐心持有这两只股票，或许会输时间，但绝对不会输钱。最后的事实，完全验证了我的判断。

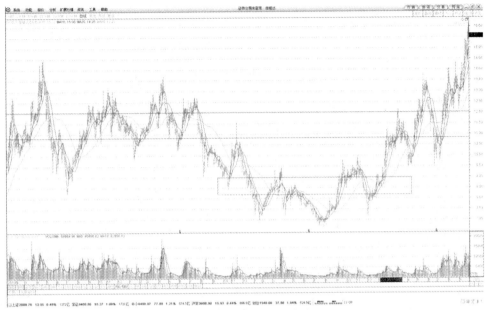

图 2-10　信雅达日 K 线图

图 2-11　金证股份日 K 线图

还没等我完成建仓，就发生了震惊市场的"光大乌龙指"事件！

2. 光大乌龙指=牛市预演

2013 年 8 月 16 日 11 点 5 分，多只权重股突然出现巨额买单，投资者惊讶地发现中国银行、中国石油等多达 59 只权重股瞬间封涨停；上证综指瞬间上涨 5.96%，指数最高报 2198.85 点。当日下午 2 点，光大证券公告称策略投资部门自营业务在使用其独立的套利系统时出现问题。媒体将此次事件称为"光大乌龙指"事件。

"光大乌龙指"事件过程回顾

2013 年 8 月 15 日，上证指数收于 2081 点。2013 年 8 月 16 日，上证指数以 2075 点低开，到上午 11 点为止，上证指数一直在低位徘徊。

11 点 5 分，大量权重股瞬间出现巨额买单，多达 59 只权重股瞬间封涨停。上证综指瞬间上涨 5.96%。

11 点 15 分，上证指数开始第二波拉升，这一次最高摸到 2198 点，在 11 点 30 分收盘时收于 2149 点。

11 点 29 分，交易所确认：上午的 A 股暴涨，源于光大证券自营盘 70 亿元的乌龙指。

13 点，光大证券公告称因重要事项未公告，临时停牌。

14 点 23 分左右，光大证券发布公告，承认套利系统出现问题，公司正在进行相关核查和处置工作。有传闻称光大证券方面，下单 230 亿元，成交 72 亿元，涉及 150 多只股票。

15 点整，上交所进行正常清算交收。

16 点 27 分左右，中国证监会确认"上证综指瞬间上涨 5.96%，系光大证券自营账户所为。""目前上交所和上海证监局正抓紧对光大证券异常交易的原因展开调查。"

"光大乌龙指"事后处罚

2013 年 8 月 16 日"光大乌龙指"事件后，中国证监会对涉事的光大证券工作人员及光大证券做出如下处罚：

（1）对时任光大证券策略投资部总经理杨剑波在内的四名责任人做出行政处罚决定及市场禁入决定。

（2）没收光大证券非法所得 8721 万元，并处以 5 倍罚款，共计 5.23 亿元。暂停光大证券从事证券自营业务（固定收益证券除外），暂停光大证券非金融企业债务融资主承销业务；责令整改并处分有关责任人。

（3）因公司董秘梅键误导公众，被责令改正并处罚款 20 万元。

（4）2015 年 12 月 24 日，上海市第二中级人民法院就郭志刚等 57 人分别起诉光大证券涉及"8·16"事件民事赔偿纠纷案做出判决，令光大证券共计赔偿原告损失 425 万元。

"光大乌龙指"事件的深度思考

经过证监会的立案调查确认，"光大乌龙指"触发原因是系统缺陷，人员误操作引发造成的。这个结论从技术角度找到了"乌龙指"发生的直接原因，但却不是"70 多亿元导致大盘暴涨近 6%"的根本原因。

如图 2-12 所示，当时交投极度低迷，沪市全天交易量只有 600 多亿元；瞬间冲出 70 多亿元买盘，自然能将大盘指数快速推高。这才是"光大乌龙指"发生的最根本原因。如果交投活跃，仅仅 70 亿元的资金显然无法推动民生银行、中国石油等众多巨象股涨停。

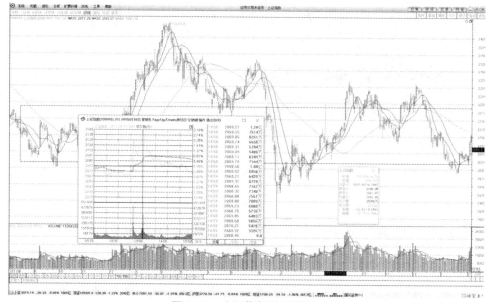

图 2-12　上证指数日 K 线图

经过多年的充分调整，个股、大盘已跌无可跌，个位市盈率的个股比比皆是，股市投资机会凸显。包括光大证券在内的专业金融机构，开始大规模建仓大盘蓝筹股。这也是"光大乌龙指"发生的大背景。

如图 2-13 所示，"光大乌龙指"不仅造成股市大幅波动，也造成股指期货市场猛烈震动。2013 年 8 月，股指期货市场上有 10 万多手持仓，多空双方囤积了 300 多亿元的资金对峙着。我们无从知道，当日有多少空头被秒平，有哪些多头获利丰厚。

"光大乌龙指"事件的影响

敏锐的投资者从"光大乌龙指"事件中领悟到：运用资金优势，在股票市场做多推高指数，之后在股指期货市场高位放空股指期货合约，进行主动套利，在当时市场是完全可行的。那么，一旦这种模式被复制，中国股市则会不断被推高，产生一轮波澜壮阔的大牛

2013 年 8 月 16 日

图 2-13　沪深加权日 K 线图

市！我确实看到了 1 年后的大牛市中"光大乌龙指"事件的身影。

在"乌龙指"发生的前一天，有人在某知名财经网站发帖，声称要打爆股指期货空头，更令该事件蒙上一层诡异的面纱。

可以说，"光大乌龙指"事件完全就是牛市的预演！

3. 二选一，怎么选都是错

2013 年 9 月下旬，我与老×再度见面交流，他以信雅达、金证股份这两家公司行业走势太过类似为由，要我适当分散资金，控制市场风险。

一句话：两只股，只能留一个。

"不是你要我集中资金做一只股么？"我当时真想骂人。

不过我没骂，因为我觉得这个资金量在当时低迷的市场情况下，做 3~5 只股是比较理想的。

信雅达、金证股份这两家公司都是做金融软件的，确实非常类同。我不得已从业绩、盘子、地域、新产品等方面更加微观的角度分析对比了这两家公司（见表2-1）。

表2-1　信雅达与金证股份对比表

	信雅达	金证股份	信雅达 PK 金证股份
所属细分行业	银行 IT	证券 IT	行业更大
2012 年业绩	微利	微利	相近
总股本	2.02 亿元	2.67 亿元	股本更小
公司地址	浙江杭州	广东深圳	同城 PK 异地
新产品	无人银行机	不明	有优势

经表2-1横向对比，显然是信雅达占优。加上同城因素，我最终决定保留信雅达，而放弃了金证股份。其实我选择的理由是不成立的，因为自始至终，我都从未到信雅达公司调研、打探任何情况。

我一直觉得，我的决策是正确的，但最终结果证明了我的选择是错误的。自我清空金证股份后，其股价整整涨了20倍，而持有的信雅达最高只涨了18.5倍，而且涨得晚（见图2-14）。

图2-14清晰地显示，至少在2014年2月前，信雅达走势明显比金证股份要强。你能说我在2013年9月，当时选错了吗？显然没有。

只能说二选一，怎么选，最终都是错！

换成你，你会怎么选？

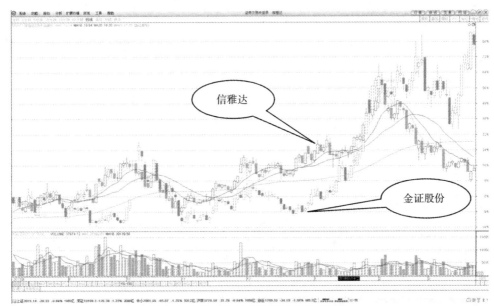

信雅达

金证股份

图 2-14　信雅达与金证股份走势对比图

4. 信传言，错过 10 倍股

清空金证股份后，我发觉 300318 博晖创新存在较大机会，并在 2013 年 9 月底在 13.00 元一带开始建仓。

博晖创新是北京一家专注于实验室检测产品研发、生产、销售及售后服务为一体的高新技术企业。公司依据自主研发实力，在原子光谱、微流控核酸检测、质谱分析、免疫检测等技术平台实现产业化。

如图 2-15 所示，博晖创新于 2012 年 5 月在创业板上市之后，股价一直在 16.80~18.50 元稳定态内波动，在 2013 年 6 月 3 日实施 10 转增 6 后，飘移到 13.20~14.50 元稳定态波动。该股底部已探明，在创业板牛市里，后市股价大幅攀升是毫无疑问的。最终，该股自底部上涨 10 倍。

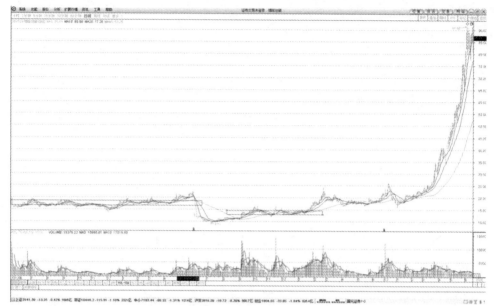

图 2-15 300318 博晖创新日 K 线图

但很快，我就再度清仓微利出来。因为——

5. 创业板到顶，有没有搞错啊

创业板指数自 2012 年底触底 586 点后，随即出现单边上涨走势。到 2013 年 10 月，创业板指数逼近 1400 点，自低位上涨以来已上涨一倍多。我年初隆重推荐的 300251 光线传媒，更是自低位暴涨 7 倍。

过快的上涨，积累了大量的获利盘。2013 年 10 月底，在获利盘回吐打压下，创业板指数出现一定幅度的回调。

"创业板就要到顶了，接下来要暴跌！"

"把创业板股票全部清掉。"2013 年 10 月底某日，老×突然对我说。

"创业板到顶？有没有搞错啊？"我非常困惑。

"今年创业板大牛市，近日在获利盘打压下，创业板指数回落，后市应该在 1250~1350 点稳定态内横盘整理，但不会大跌！"

"根据我的股价稳定态理论，创业板指数会在 1250~1350 点稳定态内形成左、中、右三头，现在还只是左头。"

"创业板指数还会创出新高，或许能见到 1500 点。"我分析道。

"今年创业板指标股大涨，但大部分个股并没有大幅上涨。创业板个股机会才开始。"

我还是非常看好创业板个股。

如图 2-16 所示，在 2013 年 10 月，创业板指数刚进入 1250~1350 点稳定态内，只是形成了左头，中头、右头还没出现。因此，创业板行情并未结束。创业板指数在 2014 年初进一步冲上 1500 点。我们在稳定态左头，就退出创业板，错过了很多机会。

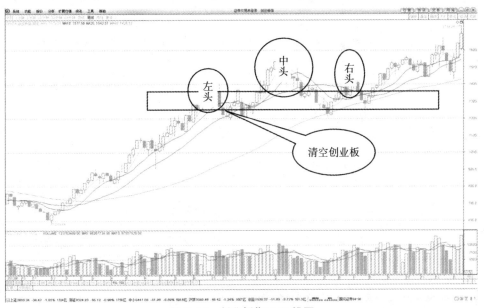

图 2-16　创业板指日 K 线图

"上官，既然你认为大盘要起行情，选择底部的股，长期拿着好了。创业板的股，我是坚决不碰了。"

"博晖创新这两天清掉吧！"老×的态度很坚决。

"把创业板股票全部清掉，至于么？"虽然我极力反对，但无效。

刚买入的 15 万股博晖创新，还没捂热，就清掉了。

创业板不做就不做吧。反正大盘在底部，个股有的是机会！

6. 老板！你到底想买什么股

经过跟踪观察，2013 年 11 月底，我发现 002312 三泰控股出现绝佳买点，建议布局这股。几天后，该股放量上涨，走出波澜壮阔的独立行情。

如图 2-17 所示，2013 年 11 月底，三泰控股股价已在 12.50~13.50 元稳定态上方整理 2 月，拒绝回到稳定态内。根据股价稳定

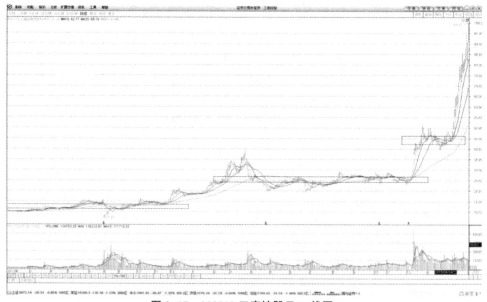

图 2-17　002312 三泰控股日 K 线图

态理论,该股后市会向上突破进入更高的稳定态内,此时,是最佳的买入点位。

三泰控股主要从事银行电子回单系统,ATM 监控系统及银行数字化网络安防监控系统的研发、生产和销售;2013 年高调布局速递易介入快递业务,解决快递到用户"最后一公里"问题。

但老×认为该股也有风险,我只能眼睁睁地看着它的股价在短短 3 个多月内从 13.50 元飙升至 40.00 元上涨近 200%。

老板,你到底要买什么股?我真的很想知道!

7. 影子股,拿什么爱上你

2013 年 9 月 26 日,一则方正证券吸收合并民族证券的公告,震动市场。由于方正证券进入停牌,我将目标转向它的影子股哈投股份。

所谓影子股就是指该股走势会受到某只正股严重影响的那类股票。如图 2-18 所示,哈投股份是方正证券的大股东之一。那么,方正证券股价的大幅波动,哈投股份股价也会跟着同方向波动。哈投股份就是方正证券的影子股。吸收合并民族证券,显然能大幅提高方正证券的行业地位和竞争力。

如图 2-19 所示,2013 年 10 月末,我在 8.80~10.20 元稳定态上轨建仓数万股哈投股份,11 月底,在下轮附近再度加仓,并在 2014 年 1 月初微利清仓出局。我清仓哈投股份的原因是更看好另外一只影子股。

2013 年 11 月,我开始建仓绿地控股的影子股 600620 天宸股份。随着天宸股份股价的走强,最终将哈投股份全部换成了天宸股份。

方正证券吸收合并民族证券有望跻身行业前十

中国网 www.china.com.cn 2013-09-26 06:31 　　　　　　　🖶打印 | ✉转发 | 💬评论

　　券商通过同业间的收购兼并迅速扩容，已经成为一种行业趋势。近期，继国金证券拟收购香港粤海证券及粤海融资消息之后，中信证券宣布完成收购里昂证券。而今年在资本市场上大动作不断的方正证券也宣布将有重大资产重组事件。

　　9月25日晚间，方正证券发布公告，首次披露将通过发行股份的方式吸收合并民族证券，公告显示，因本次重大资产重组属于资本市场重大无先例事项，涉及的相关程序较为复杂，公司将从9月26日起继续停牌，预计停牌不超过30天。

方正证券上市公司股东和国有股东名单				
股东（有 SS 标识的为国有股东，其余为上市公司股东）	本次发行前		本次发行后	
	股数（股）	比例（%）	股数（股）	比例（%）
北大方正集团有限公司（SS）	2603228385	56.592	2512252232	41.184
哈尔滨哈投投资股份有限公司	296234942	6.440	296234942	4.856
长沙先导投资控股有限公司（SS）	83440195	1.814	79274451	1.300
郑州煤电物资供销有限公司（SS）	79963520	1.738	79963520	1.311
浙江省经济建设投资有限公司（SS）	74888965	1.628	74888965	1.228

图 2-18　中国网新闻截图

种下的是龙种，没想到收获的却是跳蚤！

追逐影子股天宸股份，最终竟然让我损失惨重，成为我本轮行情操作最大的败笔。

8. 如此投资顾问？如此逻辑

2014 年 12 月中旬，在暂停一年多后，中国证监会宣布再度重启新股 IPO；并公布了 50 多家公司 IPO 名单，不乏浙江能源这类大盘股。

我敏锐地意识到市场平衡短期内会被打破，出现回调。

图 2-19 哈投股份日 K 线图

"老×，IPO 重启，市场平衡可能被打破。"

"可在股指上放空 3~5 单做空，进行对冲。"我建议道。

"上官，IPO 重启是大利好！"

"国家要想发新股，让股市就得涨，否则发不出去！"

"某证券投资顾问××说，股市马上大涨，满仓做多。"电话的
另一头，老×像打了鸡血似的，兴奋地向我说道。

我也才知道，老×还一直接受某证券投资顾问 LI** 的服务，并
对他的荒诞、逻辑错乱的观点深信不疑。此前要我出掉金证股份
等，大多出自这位仁兄的"卓越见解"。

IPO 重启是大利好？我还是首次听说。

IPO 重启是大利好？那监管层因市场低迷，为什么暂停 IPO？

"老×，IPO 重启根本不是什么利好！一定会对市场冲击！"

"弱势不可能走出光头光脚的大阳线，年初大盘一定回调。"

"满仓股票没大问题，在股指期货上适当放空，对冲大盘风险。"

对于手中的信雅达、天宸股份等股票，我还是非常有信心的。大盘不深幅回调，我持仓的信雅达、天宸股份回调空间就有限。

"我已满仓股指期货多单。赌一把！"

"上官，我马上要出国，在此期间，你帮我把股指账户也盯一下！"

老×说的满仓竟然是指股指期货满仓，150万元资金满仓持有13张股指期货多单。

"老×，上证刚冲上2020~2180点稳定态上轨，还未站稳。在IPO重启冲击下，很可能会打回稳定态下轨，到时再考虑满仓也不迟。"

我有点着急了。

"况且，K线形态上，上证'3只乌鸦'耸立，短线大盘并不容乐观！"

我还是不死心，说道：

"股票账户你做主，股指账户我自己操作。"

"出国期间，你盯一下。盈亏都是我自己的事！"老×不耐烦地对我说道。

既然这么说了，我还能说什么？

图2-20清晰地显示，2013年12月10日上证指数虽冲上2020~2180点稳定态，但并未站稳。一有风吹草动，很可能会回到稳定态内做波动，甚至砸到下轨2000点附近。K线形态上"三只乌鸦"耸立，非常难看。就连新手都知道，这个时候根本不适合满仓做多！

所谓"三只乌鸦"就是指股价在高位运行时突然出现连续三根阴线的K线组合，是一种明显的下跌信号。居然有知名券商投顾建议在这种高风险的点位，高杠杆"满仓做多"？可见，大多数投顾

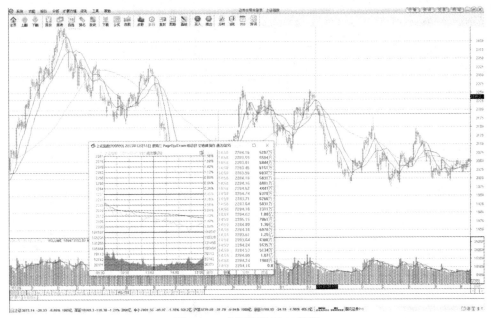

图 2-20 上证指数日 K 线图

也是徒有虚名、混吃的料。

接过股指账户第三天，大盘就跳空向下杀跌。随着大盘一路杀跌，我被迫主动砍仓和移仓，以规避风险。并在 2014 年 2 月建议老×追加 60 万元，终于保住了部分股指合约。

图 2-21 清晰地显示，2013 年 12 月初至 2014 年 3 月 10 日，沪深 300 指数从 2500 点一路杀跌到 2000 点，整整下跌了 500 点。这意味着老×在沪深 300 指数 2500 点建仓的 13 手股指多单，每手已损失 15 万元，已超过股指期货的保证金。如果死扛早已爆仓，彻底穿仓。好在我主动砍仓，保留住了部分仓单。

保住了部分仓单，意味着保住了部分本金，还有东山再起的机会；而如果爆仓，则损失所有本金，即便行情起来，也与你无关了。

因此，对交易，做错方向，及时止损，真的很重要！

图 2-21　沪深 300 指数日 K 线图

2013 年 12 月初满仓多单

2014 年 3 月 10 日

9. 大牛市曙光初现

由于受到与腾讯合作的利好消息刺激，2014 年 2 月，601998 中信银行突然走强。如图 2-22 所示，短短半个多月，中信银行股价从 3.58 元飙升到 5.58 元，股价大幅上涨近 60%，期间多日冲击涨停板。

中信银行是我国最大的股份制商业银行之一，总股本 489.35 亿股，是典型的巨无霸上市公司。在如此低迷的市场环境下，这类巨无霸公司股价，居然能出现这么大的上涨。这表明：

（1）虽然成交低迷，但市场并不缺乏资金。

（2）市场开始回暖，大资金开始主动做多。

中信银行股价大幅上涨，让我看到了大牛市的曙光。

图 2-22　601998 中信银行日 K 线图

三、早期坚守阶段

　　进入 2014 年，我基本完成前期建仓，长线信雅达、中线天宸股份。中信银行年初的独立走势，让我看到了大牛市的曙光，更加坚定了对 2014 年主板大牛市的判断，并完成对 2014 年上证走势的推演。从时间上看，2014 年 1 月至 6 月底都属于这个阶段。

　　在坚守阶段，要着重做好如下四点：

　　（1）坚守个股，静等市场回暖。

　　（2）积极高抛低吸，降低成本。

　　（3）适当短快操作，获取收益。

（4）适当运用杠杆，提高收益。

在坚守阶段，经历了外部事件导致的大盘杀跌，以及亚信峰会上释放出大盘上涨的强烈政治信号。由于各种原因，我在坚守阶段非常失败，但无论如何，还是守住了16万股信雅达。

1. 暴涨千点！神话？预言？

每年年初，我都对当年股市走势做个预判，用来指导自己的操作。2014年初，面对一路杀跌的指数、低迷的市场、哀鸿遍野的舆论，对股市极度敏感的我，成功预见到股市在酝酿发动一轮大行情。

为检验自己的预测，2014年3月5日，我将自己对14年股市的判断归纳成三大预测。以猜想的形式公开发布在我的财经微博上（见图2-23、图2-24、图2-25）。

预测1：创业板大牛市终结

需要特别指出的是，我只是对2014年股市走势进行预测。因此，图2-23提到中创业板大牛市终结，只是我对创业板指数在2014年走势的判断，即2014年创业板指数没机会，而不是说创业板个股或从今之后创业板没有机会。我不看好2014年创业板大盘在于：新股IPO、大盘股机会、坐庄模型、估值过高。

预测2：股指酝酿千点行情

如图2-24所示，我在预测2中不仅指出上证股指会上涨1000点，还详细描绘计算出2014年股指千点行情数据的来源和依据。2014年，上证指数实际走势与我的预测惊人契合。

股市神奇传说
2014-3-5 15:46 来自 360安全浏览器
2014股市大猜想1

⤴ 收起　🔍 查看大图　↺ 向左旋转　↻ 向右旋转

猜想1、创业板大牛市终结

再持续炒作风险大：
• 新股大量上市，供求被打破；
• 部分大盘股开始独立走强；
• 新坐庄模式强烈自我反噬；
• 股价过高，估值到位。

结论：
　创业板风光不在，只有个股机会，最近新股的炒作只是末日狂奔，而不是行情的延续。
weibo.com/u/2982501642

图 2-23　我的微博截图（1）

投资大视野
2014-3-5 15:53 来自 360安全浏览器
2014股市大猜想2

⤴ 收起　🔍 查看大图　↺ 向左旋转　↻ 向右旋转

猜想2、股指酝酿千点行情

千点是怎么来的？

• 股指上涨200点，对冲资金半仓开始做空；
• 股指再上涨300点，对冲资金全面做空反扑；
• 股指再上涨300点，对冲资金被迫止损出局；
• 200+300+300+200（止损推高）=1000

股指只有上涨千点，才能彻底改变现有股市运行模式，迎来真正的牛市！
weibo.com/u/2982501642

图 2-24　我的微博截图（2）

预测 3：股指上涨千点之有无可能

如图 2-25 所示，我的预测 3 只是对预测 2 的补充。预测了指出大盘上涨的动力来源、板块机会等。

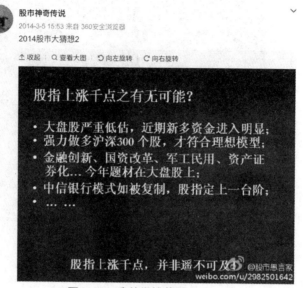

图 2-25　我的微博截图（3）

2014 年股市走势完全如我所料，年初我的三大预测不仅完全实现，上证指数上涨超过 1000 点，而且沪深 300 股指更疯狂，上涨超过 1500 点。

2. 满仓！满仓！再满仓！

既然创业板个股不让买，精心挑选的中小板股又不买，我只好将目光再度转向主板。2014 年 1 月底，上海绿地控股借壳 600606 金丰股份（现名绿地控股）上市已相当明朗化。我们决定加仓买入它的影子股 600620 天宸股份。

选择天宸股份的理由很简单，它是上海绿地控股的大股东之一，持有 2.78 亿股绿地控股，占绿地控股 3%的股份。绿地借壳上市后市值有望到 4000 亿元，那么，天宸股份仅仅这部分股权价值就超百亿元。而当时天宸股份总市值不到 40 亿元，显然被市场严重低估了。

当然，我当时买天宸股份，还因为天宸股份在（8.80，9.50）元的稳定态内横盘了较长时间（见图 2-26），有明显向上突破的迹象；如果借助绿地控股借壳成功消息的刺激，股价向上突破，将有望进入 15.50~17.00 元稳定态内，则有 70%~90%的上涨空间。

图 2-26 600620 天宸股份日 K 线图

到 2014 年 1 月底，我此前精心选出的 600446 金证股份、300318 博晖创新、002312 三泰股份等股纷纷走出独立行情，而我们几乎没赚钱，彼此都有些沮丧、失落。我更是憋了一肚子气。

2014 年 2 月初，伴随着我的加仓，天宸股份突破（8.80，9.50）

元的稳定态上轨按我设想的那样逐波上涨。我根据经验利用融资高抛低吸，娴熟地做小波段滚动操作，收益颇丰，几周时间就浮盈百万元。一切都很顺利……

"既然看好，就该满仓赌一下！"看着账户，老×笑眯眯地说。

"天宸在绿地复牌前不会有问题！"老×觉得我还是谨慎了。

满仓？早就满仓了啊！

老×说的"满仓"就是指满额融资买天宸股份。

而我当时正为那个投顾的干扰，错过了 600446 金证股份、300318 博晖创新、002312 三泰股份等大牛股而憋了一肚子气。

在老×不断怂恿之下，有个声音不断暗暗地对自己说：

"满仓！"

"满仓！"

"再满仓！"

在我不断融资买入下，买进的天宸股份总数近 50 万股！账户上的盈利也越来越多。一切似乎都很美好！

但等待我们的却是场噩梦！

确实如我所料那样。2014 年 5 月，上海绿地控股成功借壳金丰股份（现名绿地控股），在资金推动下，复盘后股价暴涨；市值一度突破 5000 亿元（见图 2-27）。天宸股份持有的 2.78 亿股绿地控股市值，也轻松超过 120 亿元。

但我们没等到那一天，天宸股份股价却提前出现暴跌。最终不得不砍仓出局，损失惨重！

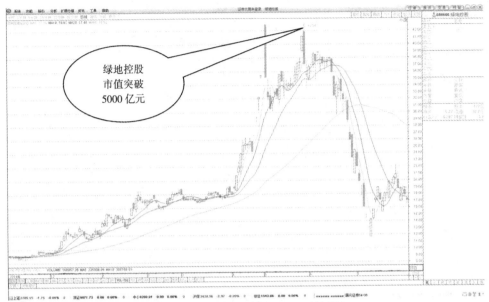

绿地控股
市值突破
5000亿元

图 2-27 600620 天宸股份日 K 线图

3. 哎——！250 万元灰飞烟灭

2014 年 3 月 14 日，天宸股份股价早上一开盘，就迅速被大幅拉升，账户盈利一度达 200 万元；但是，一会儿就出现跳水，并放出巨量杀跌，一度打至跌停板附近，最终以-7.99%报收。在日 K 线上留下带有长长上影线的一根大阴棒。略有经验的人都知道：这是典型的拉高出货，应立即砍仓出来！

如图 2-28 所示，2014 年 3 月 14 日，天宸股份股价早上一开盘，就快速大幅拉高，9：40 之后，股价随即大跳水，并放出巨量杀跌，一度打至跌停板附近，最终以-7.99%报收，并在日 K 线上留下带有长长上影线的一根大阴棒，短线走势已完全走坏。

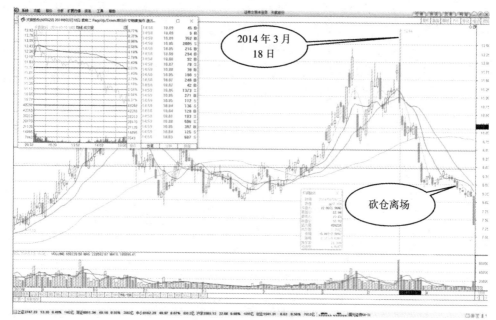

图 2-28　天宸股份日 K 线图

　　但我的操作令大家大跌眼镜——持股不动。

　　也许是账户还有几十万元盈利。

　　也许是因为错过了 002312 等心态失衡。

　　也许是在"满仓！满仓！"节奏中没转变过来。

　　也许是因股指期货上已亏了 150 万元太想赚回来。

　　在侥幸心理作用下，我们最终没有及时走掉。

　　到 2014 年 4 月 6 日，天宸股份跌破稳定态下轨，并没有回到稳定态内的迹象时，我将其清仓。短短十多天，不仅 200 万元的浮盈化为乌有，还亏了 50 万元。总共 250 万元灰飞烟灭！

　　事实证明，当两个理念完全不同的人一致看好同一股时，那一定就是个陷阱！

　　我决定全部清掉天宸股份，还有个重要的原因，那就是老×。

4. 煎熬！痛苦的煎熬！

"上官，大盘怎么看？"

"上官，股指怎么办？割，还是留？"

"股指天天跌，你是专业人士，就不想想办法？"

"上官，明天把所有股票、股指期货都清掉！亏 100 多万元我认了，中国股市真没法做了。"

没过 10 分钟，老×又打电话过来说：

"还是等等再说吧。"

······

2014 年 3 月中旬开始，老×每天给我打几个小时电话，谈论的都是股指期货。

由于听信某证券投顾的建议，老×在 2013 年 12 月满仓股指期货多单，到 2014 年 3 月，已遭受巨大亏损。在我主动砍仓、防止强平和追加保证金的情况下，才勉强保留住部分仓单。

"大盘大的风险是没有的，但走强还需要时日。"

"既然在这么高的点位做多，现在总没必要出来吧？只有想办法守住仓位了。"

股指深套，我也很无语。只能想出这不是办法的办法。

"真不该听你的，做股指！现在股票亏，股指亏得更多！"老×把责任推卸到我身上。

"我当时建议你高位放空股指对冲，你非要听某投顾满仓做多。如果当初听我的，哪会这样？！"我也懊恼了，终于发火了。

"那现在，你觉得该怎么办好？"老×自知理亏，询问我的意见。

"这段时间状态不好，我们还是把 600622 天宸股份割掉，调整一下。"

在老×持续的电话轰炸下，我已精神恍惚、近乎崩溃。我决定强行休息一段时间，全面调整心态。

2014 年 4 月初，我清了天宸股份，降低了股指期货仓位，但保留了 20 万股信雅达。我开始进入半休息的调整状态。

股市机会天天有，在状态不佳时，应当选择休息！

5. 牛市号角已吹响！大盘将不断上涨

投资者普遍都认为，上一轮行情发生在 2014 年 7 月，因为当时有两个标志性的事件：

（1）大盘指数 2014 年 7 月出现明显上涨。

（2）国泰君安证券首席宏观分析师任泽平开始疯狂唱多。

从技术分析的角度上看，不能说他们不对，但这也再度证明了技术分析的局限性。上一轮行情正式启动时间是在 2014 年 5 月 21 日。因为这一天，发生了一件非常具有标志性的重大事件，正式开启了一个全新的时代！

2014 年 5 月 21 日亚信峰会在上海召开，作为东道主的中国国家主席习近平主持会议并发表题为《积极树立亚洲安全观共创安全合作新局面》的主旨讲话。他强调，中国将同各方一道，积极倡导共同、综合、合作、可持续的亚洲安全观，搭建地区安全和合作新架构，主张建立亚洲人自己主导的亚洲安全格局。

要想建立亚洲人自己主导的亚洲安全格局，必须要建立强大的现代国防，遏制清除内外的各种恐怖势力，拥有先进的信息管理能力。我断定"军工、防恐、IT 等行业在今后很长一段时间内将获得快速发展，以上行业的将会跑出一大批大牛股"。

如图 2-29 所示，5 个月内航天军工指数从 3932 点上涨到 6773 点附近，整体上涨 70%，而上证指数只有 15% 的上涨幅度。

图 2-29 军工航天指数日 K 线图

市场的反应远比我灵敏，2014 年 5 月 21 日早盘承接上日回调出现快速下挫，习近平主席《积极树立亚洲安全观共创安全合作新局面》的讲话一发表，股市迅速做出反应，股指期货 1 分钟就上涨了 20 多点，快速翻红；当日从原来下跌 20 点逆转上涨，最终收报上涨 20 点。次日大盘继续冲高，后受新疆恐怖袭击影响，出现回落；但第三天大盘稳步推高，几乎在最高点收报。

如图 2-30 所示，2014 年 5 月 21 日早上大盘突然迅速拉高，自

那以后，上证指数再未破 2000 点，并在 7 月中旬和 9 月出现两波上
攻逼空行情。

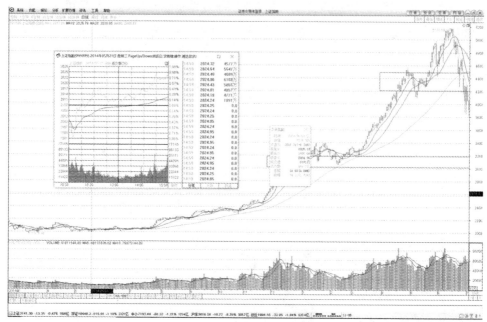

图 2-30　上证指数日 K 线图

毋庸置疑，上轮行情确实是在 2014 年 5 月 21 日，我对大牛市
的判断比任译平整整早了两个月。

6. 重仓 1 年 20 倍大牛股

2014 年 5 月 21 日牛市号角吹起，军工、软件个股风起云涌。
但我只有在旁边看热闹的份。原因很简单：

（1）军工股业绩普遍很差，短炒可以，不适合拿长线。

（2）天宸股份操作失利，在舔血疗伤、调整心态中。

在我反复灌输牛市在"5·21"正式启动，以及多次强烈建议
下，老×决定再精心挑选一只既受益大牛市又结合当前热点的个股

做长线。

毋庸置疑，大牛市最受益的就是证券板块，当前的热点就在军工、软件上；能有机结合的自然就是证券软件股。A 股这类上市公司很少，我最终选择 300033 同花顺建仓。

我最终选择 300033 同花顺建仓，有如下的原因：

（1）证券+软件：公司是少数几家证券软件上市公司之一。

（2）符合选股审美观：同花顺在（12.20，13.50）元稳定态内横盘 1 年之久（除权前在（24.40，27.00）元），有明显向上突破的迹象。

（3）强烈的补涨预期：同类的上市公司 300059 东方财富股价从 2012 年底至 2014 年 6 月上涨超过 10 倍，同花顺与之相比具有强大的补涨预期。

基于以上原因，在 2014 年 6 月中旬，我在 13.00 元附近先行分批建仓 10 万股 300033 同花顺，并计划等上涨启动后伺机再度加仓。

确如我所料，距我们建仓只有半个多月，同花顺股价随即在 7 月初突破（12.20，13.50）元稳定态，发动一波又一波地凌厉上攻行情。在短短的 1 年内，复权后股价上涨超过 20 倍（见图 2-31）！但令我非常惋惜的是，我在同花顺上的收益不超过 15%。

怎么可能？

真的就这么多！

有没搞错？

真的没搞错！

你不是拿住做长线吗？

我确实想拿着做长线！

……

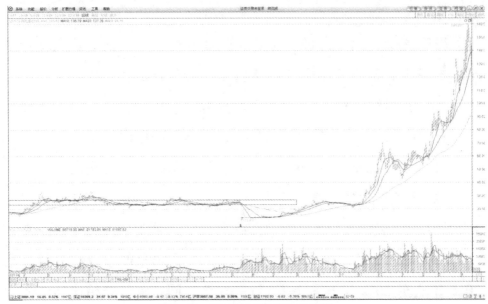

图 2-31　300033 同花顺日 K 线图

2014 年 6 月底，一则霸屏的传言，逼迫我放弃了同花顺！

7. 大盘暴跌？太荒唐了吧

2014 年 6 月下旬，关于股市 6 月底会大跌的谣言被广泛流传，理由很简单：每年 6 月 30 日银行要回笼资金做半年报，会造成流动性紧张。2013 年 6 月底资金流动性紧张闹"钱荒"，就导致了股市大跌。

2014 年 6 月底股市会因银行回笼资金而大跌，这听上去似乎很有道理。但这实则是个伪命题！因为银根松动，钱荒前提是不存在的。但市场上就有这么多人相信，包括老×。

"去年 6 月底股市大跌，今年也一定会大跌！"

"把股票全部卖掉！"

2014 年 6 月下旬，老×一直这么强调。

对 2014 年 6 月底股市会大跌这种无稽之谈我是嗤之以鼻的。我向他表达了我的看法：

"去年央行收紧银根，造成'钱荒'；今年却松动银根，不存在流通性紧张的问题！"

"银行去年'钱荒'，今年自然提前做好了应对准备，资金面不会很紧张！"

"股市正走出底部，没有丰厚的获利盘，暂时不会大跌。"

"如果要大跌，一定有迹象。目前走势上没有任何下跌的迹象！"

我再三反对清掉股票，因为我认为大盘已经启动。

"谁能保证不会跌？万一大跌呢？"

"月底前出掉股票，7 月再进好了。"

"在 6 月 28 日前出掉股票，把钱划出来。我要用！"

老×接连给我打电话，一定要我出掉股票。

对于出掉股票，我是坚决不同意的。但"万一"的事，谁也不能保证；也是实在经不住他这么唠叨。于是，我们最终达成这样的妥协：出一半，留一半。如下跌，则有资金可补仓；如果上涨，还有一半，多少有些安慰。

事实再度验证了我的判断。

出一半，留一半。

出什么、留什么呢？

我再度犯难。

最终，我决定保留 16 万股信雅达，毕竟已拿了半年多了，有始有终吧；而将 10 万股同花顺等股票出掉。

后市再度证明，二选一，我又选错了。

四、中期积极交易

在这个阶段，随着行情回暖，手中牛股会出现大幅飙升。这个阶段个股机会多多，可充分运用杠杆，积极进行交易；但重要的是要是守住手中的持仓，防止被剧烈波动的行情洗出，并根据市场变化，适当调整长线牛股的目标位。

（1）坚定持股信心，坚守仓位不动摇。

（2）波段和日内结合，获取超额回报。

（3）巧妙加金融杆杆，收获额外收益。

（4）根据市场状况，调整个股目标位。

从时间上看，从 2014 年 7 月到 2015 年 4 月 25 日，上证指数冲上 4200~4500 点目标稳定态上轨，都属于这个阶段。从空间上看，这个阶段跨度非常大，从上证指数脱离 2020~2180 点稳定态，到首度冲上 4500 点都属于这个阶段。这个阶段大盘猛涨，个股齐飞，经历的事件非常之多。

1. 错过"1314"，就错过这辈子

明知道大牛市已正式启动，手中的股很快会大涨，但还是不得不大幅砍仓。大家可想而知我当时内心是怎样沮丧！既然已大幅度减仓，就不妨休息几天。我刚好又有点私事，休息了半个多月。

到 7 月中下旬，两地市场明显开始走强，大盘已启动行情的迹

象越来越明显，个股的机会也多了起来。由于 300033 同花顺已出现较大幅度上涨，我不愿意追高，只能选择再度择股建仓。

此外，为让更多的人能够分享到牛市收益，面对被多年熊市吓破胆的投资者，我 2014 年 7 月 26 日在 QQ 空间写道："13 年创业板大牛市，14 年主板超级大牛市启动。错过 13，再错过 14，就是错过一辈子。"（见图 2-32）我积极鼓动身边股友大胆买股。

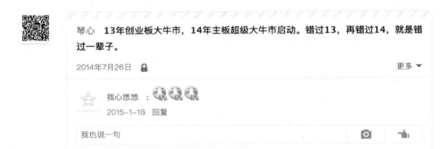

图 2-32　我的 QQ 空间截图

2014 年大牛市，你参与了还是错过了？

更神奇的是，次日夜，再度梦见股市吉祥物——蛇！

2. 特大利好：又梦见蛇

2014 年 7 月 27 日（周日）夜，我再度梦见蛇。

中国股市现在就在底部（地砖），几乎没有风险，但 2013 年被炒高的小盘股/创业板（小蛇）存在出货迹象（小蛇在游动），存在一定风险（小蛇有毒），应该规避；个人认为，机会在蓝筹股上，可大胆参与（大蛇特温顺），必会有回报。

后来行情的发展完全验证了我当时的判断，如图 2-33 所示，次日（2014 年 7 月 28 日）周一沪深股市大涨；2014 年下半年，以蓝

图 2-33　上证 50 指数与创业板指数对比图

筹股为代表的上证 50 指数走势，远远强于小盘股的创业板走势。

　　而这仅仅只是开始，在杠杆资金的推动下，上证指数在一年内被迅速推高到 5000 点上方。当然，这是后话。

3. 官媒九论股市，牛市吹起冲锋号

　　2014 年 8 月，上证指数上攻到 2020~2180 点稳定态上方的 2300 点一带，出现滞涨徘徊。在 2014 年 8 月 31 日至 9 月 4 日，官方媒体新华社罕见连续发九文力挺中国股市。

　　9 月 4 日发文：

　　新华社：《买矿炒房理财资金跑步入场》

　　9 月 2 日发四文：

　　新华社：《坚定市场化改革方向搞好搞活股市》

　　新华社：《股市近期缘何上涨？》

新华社：《如何搅活股市"一潭春水"？》

新华社专访邓舸：《稳定市场预期提振市场信心》

9 月 1 日发三文：

新华社：《搞活股市对推进转型升级至关重要》

新华社：《牛熊争辩下的中国股市将向何方》

新华社：《股市存"五大争议"难题亟待破解》

8 月 31 日发文：

新华社：《中国需要"有质量的牛市"》

受此影响，在短短 6 个交易日，中国股市出现量价齐升，上证指数从 2193 点一路上涨到 2326 点，大涨 133 点，涨幅超过 6%，一举突破胶着的盘整格局；日成交额也从 930 亿元增加到 1876 亿元。

官媒力挺股市正是时机

为什么在这个时候，官媒会密集发文力挺股市？让我们抛开其他因素，单纯就大盘走势来讨论这个问题。如果你用股价稳定态理论分析，就不难发现其中的奥妙。

在 7 月中旬，上证指数从 2020~2180 点稳定态底部 2000 点附近上攻到 2200 点上方，到 8 月底，已在 2200 点横盘一个多月，后市面临选择突破方向的问题。根据我独创的股价稳定态理论，如图 2-34 所示，上证指数 2200 点是上证指数（2020，2180）点超级稳定态的上轨。如果不能突破，则会回落到该稳定态内，那么行情就会再度半途夭折。而官媒新华社这个时候力挺股市，则大大助长了多方坚决做多的决心和底气，一轮大牛市正式启动。

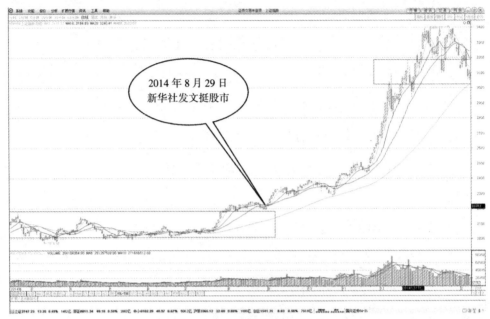

图 2-34　上证指数日 K 线图

此外，我们还可以从国际局势及关联市场找到原因。2014 年，由于全球经济的持续低迷，加剧了世界多处地缘政治局势的紧张与动荡，乌克兰、伊拉克、叙利亚等地狼烟四起、战火纷飞。这些导致全球资本涌入美国避险，推动美元走强、美股一路走高，并带动中国跟风流出 2200 亿美元。

从图 2-35 不难看出，在 2014 年 8 月中旬，美元走势出现加速上涨趋势，而与此同时，中国股市同步出现缩量回调走势。

由于当年股市只是政策推动的恢复性行情，缺乏上市公司业绩增长的有效支撑，这决定了行情的高度有限，持续性有限；也注定了大量涌入的杠杆资金悲剧性结果。

图 2-35　美元指数日 K 线图

4. 股指悄然偏向多方

与此同时，2014 年 8 月 29 日，中金所松绑股指期货投资，宣布将股指期货保证金比例从 12% 下调至 10%，投机账户持仓寸头限制从 600 手，放宽至 1200 手（见图 2-36）。

下调股指期货保证金比例，意味着股指期货多方可开更多的仓位，而对对冲基金来说，只有在买入更多的股票前提下，才可能放更多的空单。下调股指保证金意味着股指期货市场的天平已倒向多头，而大部分股指期货空头并未意识到由此带来的风险，因此，它们爆仓已不可避免。

SINA 新浪财经　　新浪财经 > 期货 > 正文

中金所调降股指期货保证金 放宽投机持仓限制

2014年08月29日 17:05　新浪财经　　收藏本文　　

虽然理论上最低保证金可以低至8%，但是对于普通投资者而言，股指期货交易保证金实际由12%调降至10%，投机持仓头寸限制从600手放宽至1200手

保证金调整前，假设沪深300(3481.056, 73.53, 2.16%)指数为2200点，保证金比率为12%则交易一手需要保证金2300*300*12%=82800(元)，费率调整后则需要69000元，每手降低了13800元。

同时放宽了投机账户持仓头寸限制，投机账户最大可持仓1200手，相当于8.28亿。

新浪财经讯 8月29日消息，中国金融期货交易所[微博](以下简称中金所[微博])于8月29日发布修订后的《沪深300股指期货合约》《中国金融期货交易所沪深300股指期货合约交易细则》，将沪深300股指期货合约的最低交易保证金由12%调整为8%，沪深300股指期货持仓限额由600手调整至1200手。同日，中金所发布《关于调整沪深300股指期货交易保证金的通知》，自2014年9月1日结算时起，沪深300股指期货所有合约交易保证金标准统一调整为10%。

图2-36　新浪新闻截图

5. 什么重大事项？为啥停牌?!

2014年8月26日信雅达股价出现大跌。当日收盘后，公司发布重大事项停牌公告，公司股票自2014年8月27日起停牌（见图2-37）。

"什么重大事项?"

"为什么停牌?"

"停牌是好是坏?"

"为什么大跌?"

"什么时候开盘?"

……

"我们可是重仓16万股信雅达，320万元资金啊！"

600571：信雅达重大事项停牌公告 _{查看PDF原文}

公告日期：2014 年 8 月 27 日

证券代码：600571　　　　证券简称：信雅达　　　　编号：临2014-014

信雅达系统工程股份有限公司

重大事项停牌公告

本公司董事会及全体董事保证本公告内容不存在任何虚假记载、误导性陈述或者重大遗漏，并对其内容的真实性、准确性和完整性承担个别及连带责任。

信雅达系统工程股份有限公司（以下简称：公司）正在筹划重大事项，鉴于该事项存在重大不确定性，为保证公平信息披露，维护投资者利益，避免造成公司股价异常波动，经公司申请，本公司股票自 2014 年 8 月 27 日起停牌。

本公司将尽快确定是否进行上述重大事项，并于股票停牌之日起的 5 个工作日内（含停牌当日）公告事项进展情况。

特此公告。

图 2-37　信雅达的临 2014-014 公告截图

老×立马陷入抓狂之中，冒出 10 万个为什么！

"应该是资产重组吧，上市公司重大事项大多与这有关。"

"资产重组必须停牌，是种制度安排。"

"停牌没啥好坏，只是例行程序。"

"今日大跌就比较复杂。获利回吐，有资金不想参与停盘出逃，机构趁机强力洗盘等成分都有。"

"什么时候开盘，就要等公司公告了。"

我耐心解答道，最后安慰他说：

"既然已经停牌，就耐心等待吧。也急不来的。"

9 月，信雅达公告确认通过发行股票方式进行资产重组。这证

600571：信雅达重大资产重组停牌公告 📄查看PDF原文

公告日期：2014 年 9 月 9 日

证券代码：600571　　　证券简称：信雅达　　　编号：临2014-016

信雅达系统工程股份有限公司

重大资产重组停牌公告

本公司董事会及全体董事保证本公告内容不存在任何虚假记载、误导性承述或者重大遗漏，并对其内容的真实性、准确性和完整性承担个别及连带责任。

因信雅达系统工程股份有限公司（以下简称：公司、本公司）正在筹划重大事项，经公司申请，本公司股票已于 2014 年 8 月 27 日开市时起停牌。

经与有关各方论证和协商，公司筹划的重大事项为发行股份购买资产，该事项可能对公司构成重大资产重组。鉴于该事项存在较大不确定性，为保证信息披露公平，维护投资者利益，避免造成公司股价异常波动，经向上海证券交易所申请，公司股票自 2014 年 9 月 9 日起连续停牌，停牌时间不超过 30 个自然日。

图 2-38　信雅达的临 2014-016 公告截图

实了我的直觉。但停牌时间一而再，再而三推延。

"资产重组能否成功？"

"会有几个涨停？"老 × 又坐不住了。

"重组一定会成功的！"我回答得很坚定。

"复盘后一定涨，估计会有 3~5 个涨停。"我推测道。

图 2-39 显示，信雅达股价已成功突破 16.90~18.80 元稳定态，根据我独创的股价稳定态理论，后市必然向更高的稳定态运动。况且市场已全面转强，即使信雅达收购不成功，复盘之后股价也会出现一定程度的补涨。因此，根本无须担心当时信雅达后市走势。

图 2-39　600571 信雅达日 K 线图

　　如我所料，2014 年 12 月 10 日，停牌 3 个多月的信雅达复盘，股价连续 4 个"一"字板，经过短暂调整后，不断上涨，在股灾前上攻到 210.19 元。当然，这些都是后话。

6. 牛刀小试，收获 4 连板

　　习近平的"5·21"讲话，军工、软件股风起云涌，出现明显的板块效应。2014 年 9 月底，我果断介入 002474 榕基软件，股价很快启动，短短几个交易日内连续拉出 4 个涨停，收益超过 50%。

　　如图 2-40 所示，2014 年 6~9 月，002474 榕基软件股价一直围绕（7.90，8.60）元稳定态小幅波动，8 月底，冲上稳定态上轨，在稳定态上方整理，9 月 16 日、17 日，股价受挫，回踩稳定态上轨，但拒绝回稳定态内。既然跌无可跌，股价必定会上涨。根据我独创的股价稳定态，此时出现最好的买点，果断在 9 年 22 日于 8.90 元

图 2-40　002474 榕基软件日 K 线图

附近买入 5 万股。

　　数日后，受利好刺激，002474 榕基软件股价出现飙升，短短几个交易日内连续拉出 4 个涨停，收益超过 50%，信心有所恢复。

7. 2500 点，笑看牛熊生死斗

　　如我在 2014 年初预测的那样，2014 年 11 月上证指数上攻至 2500 点附近时，出现短暂滞涨。在股指期货上放空的大小私募，不甘心出局，在上证 2500 点一带疯狂加股指空单，做殊死一搏，从而抑制了大盘上涨。

　　如图 2-41 所示，根据我自创的股价稳定态理论，2014 年 11 月上证指数 2500 点胶着时，面临两个方向性的选择：

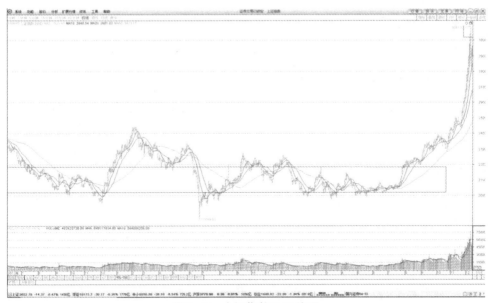

图 2–41　上证指数日 K 线图

（1）向下：回归（2020，2180）点稳定态。

（2）向上：进入高位 3000 点一带的稳定态内。

空头之所以在这个位置上疯狂加空单，做殊死搏斗，有如下三个原因：

（1）稳定态理论已指出，这个点位可上可下，做空不吃亏。

（2）在近三年技术高位上证 2500 点做空，空方有心理优势。

（3）假如空方在上证 2200 点一带开始半仓放空，到 2500 点已面临保证金不足，不得不加仓。

因此，2500 点做空的理由非常充分。事实真的是这样么？显然不是，所有这些，都是空方自以为是的想法。

高位盘整，导致饱受熊市长期摧残的投资者误认为，2014 年的上涨行情已经结束。但我知道，一波空前的逼空即将上演，股指空头将被彻底剿杀。并将由市值管理演变来的"多股票+空股指"的套利模式彻底打爆。我的判读逻辑非常简单。

首先，如果空方得逞，那么，上证指数则出现 500 点跌幅，会将股市、股指多头一起彻底歼灭。在空头进一步乘胜追击之下，2000 点都将失守。这显然是与我国当前政治经济政策相违背的。

其次，时事已变。当前市场已回暖，场外资金正源源不断涌入，推动大盘节节攀升。况且，股市处于估值低位，并未出现明显高估。逆市做空，谈何容易？几乎毫无胜算可能。

最后，空方手中有足够的指标股筹码砸大盘么？显然没有。那么，单纯在股指上逆市做空，无异于自杀！

大市场的发展完全验证了我的观点！短短几周，上证指数暴涨 500 点，将违背市场规律的股指空头彻底打爆。股指暴涨还有更明显的迹象，只是很多人沉溺于多年的惯性思维，不愿意承认而已。一直处于股指大空头，有股指"空军司令"之称的中信期货突然增持 2 万手股指多单，翻多成股指净多头。空方被屠杀的命运已不可避免……

8. 大空头倒戈，多头悄然祭起了屠刀

在国内，还有个与 A 股息息相关的市场——股指期货市场。在我国股指期货市场有个很有趣的现象，券商系的中信期货、广发期货等，长期处在股指期货合约排行榜的空方持仓前几位，尤其是中信期货一直霸占净空头榜首，有"空军司令"之称。

很多股票投资者以此认为中信、广发等券商在做空中国股市，其实这种观点并不全面。

（1）期货公司名下的持仓大部分都是客户。

（2）客户大部分股指空单是股市对冲套利单，真正的裸空单很少。

2014 年 10 月中旬开始，中信期货多次突然大幅增持股指多单，翻多成股指净多头（见图 2-42）的举例。这表明有大笔资金介入股指市场，为血洗空头做准备。那些空头此时还执迷不悟、违背客观规律，为此付出爆仓的惨重代价，完全是咎由自取。

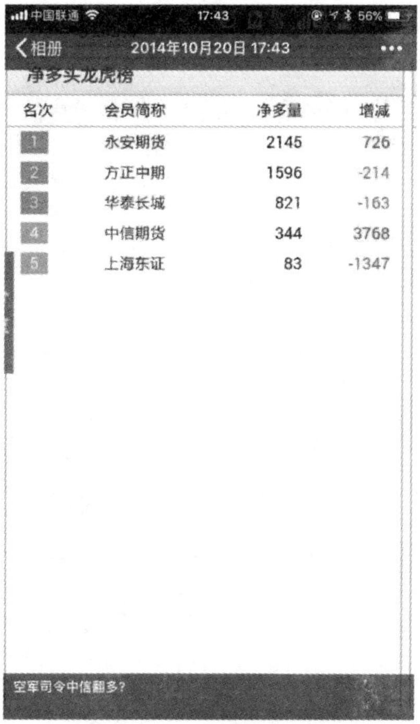

名次	会员简称	净多量	增减
1	永安期货	2145	726
2	方正中期	1596	-214
3	华泰长城	821	-163
4	中信期货	344	3768
5	上海东证	83	-1347

图 2-42　股指期货持仓图

9. 2 个月+400%，喜获牛市大红包

发现有股指“空军司令”之称的中信期货突然增持 2 万手股指多单，对市场敏锐的我，马上意识到大盘即将逼空上涨。于是，我立即打电话给老 ×，建议满仓满融资操作。

“× 总，今天股指大空头中信期货增持 2 万手股指多单。”

我有点兴奋，停顿了下，接着说道：

"大盘后市必定会大幅逼空上涨。"

"在大机会面前，可考虑满仓、满融资操作。搏一下！"

我在电话里建议道。

"你看好哪类股？"老×有点不放心。

"券商股！"我的回答很干脆直接。

"牛市最受益的就是券商，业绩会成倍增长。"

"券商股是最能聚集人气的板块。大盘要上涨，券商股一定会先起来。"

"券商股已蓄势整理一段时间了，是到了上涨的时候。"我阐述我看好的理由。

"既然看好，可赌一下。"

"但要控制风险！"他叮嘱道。

也许是我这 1 年来，在关键节点上对大势判断没错过；也许是最近节奏把握得不错，账户资金已扭亏为盈；也许作为老股民的老×自己也看出大盘在走强。他居然同意了我的操作建议。

于是，上演了我上轮行情最疯狂的交易阶段，快节奏地满仓融资做券商股。

在 2014 年 10 月中旬到 2014 年底短短两个多月时间内，我疯狂地满额融资交易券商股。先后交易过光大、东北、华泰、兴业等券商股，总收益达 600 万元。其中，对兴业证券的操作堪称经典。

我在如图 2-43 所示的阳十字星位置，6.80 元附近满仓融资买入几十万股兴业证券，在股价填满权后，在 11.80 元附近清仓。短短 3 周不到的时间内，收益超过 50%。

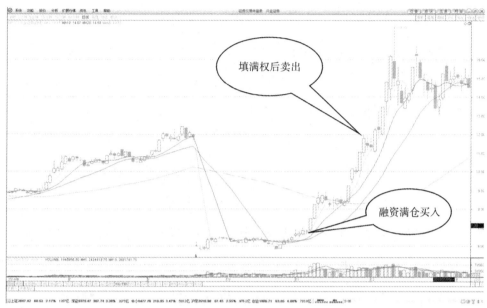

填满权后卖出

融资满仓买入

图 2-43 兴业证券日 K 线图

因账户重仓的 16 万股信雅达停牌，470 万元净资产中可动用的本金只有 150 万元，在 2014 年 10 月中旬到 2014 年底短短 2 个多月时间内实现 600 万元收益，意味着我在这段时间收益达+400%。

如此高的收益，只是开始。自此，账户资金也出现快速增长势头，只是涨幅远远超过股指本身的涨幅。

10. 最早的牛市万点论

我对行情惊人的预见和疯狂的操作，惊动了某行业一位大佬。

2014 年深秋某日，我应邀在他超大办公室里，一起煮茶谈"股"论"经"。我们从宏观经济、货币政策、房产调控，闲聊至个股。

我再度阐述了自己的理解和看法：

"我国现有依靠房地产推动经济发展的模式已走到尽头。未来发展，必须依靠科技创新和产业升级。"

"中国经济发展的上上策是，驱动海量超发货币进入股市，完成产业升级改造，实现经济转型。"

"不管是深化国企改革，还是产业升级改造，都离不开资本市场的大力支持。因此，一轮大牛市势在必行。"

"目前，楼市存量资产高达450万亿元。股市总市值只有楼市的一个零头。一旦楼市资金涌向股市，则会产生海啸般的大行情。"

末了，我望着远处的钱塘江，若有所思地说道：

"如果能实现产业升级和经济转型，中国股市会迎来一轮超长周期的大牛市。5~7年后，上证指数就不是二三千点，而是在现有指数前加一个'1'或后面加个'0'，即12500多点或22000多点。"

这应该是上轮牛市里最早的"万点论"吧！

11. 搞什么搞？回到起点？!

2014年12月10日，停牌3个多月的600571信雅达复盘，股价连续"一"字涨停，在第5个涨停，放巨量砸开并大跌。好股何惧价高！趁其股价回调，我选择在26~28元坚决加仓买入信雅达，至满仓，共计40万股。

2014年12月，经历信雅达股价暴涨之后，我之所以还坚决再度加仓买入，理由很简单：

（1）在信雅达三个多月停牌期间，大盘暴涨40%。

（2）信雅达重大资产重组，利好公司。

（3）如图2-44所示，信雅达以连续涨停的方式强力突破16.90~18.80元稳定态，后市必定进入更高的稳定态。

图 2-44　信雅达日 K 线

　　因此，该股的股价回调下来时应该积极大胆买入。

　　2013 年 8 月初，我刚接手老 × 账户时，账户净资产计 456 万元；当时信雅达股价 12.5 元，可买约 36.1 万股；2014 年 12 月底，该账户净资产 1200 多万元，但也只能买 40 万股信雅达。从这个角度上说，一年多来只增加了 11% 的信雅达股份。也就是说，这一年来回折腾，我实际操作，几乎回到起点！

　　在当时，600446 金证股份股价已涨到 60 元上方（见图 2-45），1200 万元只能买 20 万股金证股份，而在 2013 年 8 月，可以买 20 万股金证股份+15 万股信雅达。因此，账户虽然实现了 300% 的收益，但从交易的角度上看，其实是相当的失败！

　　牛市里，来回换股真不如守住手中的大牛股。

图 2-45　600446 金证股份股日 K 线图

12. 神奇的系统，叹为观止的预测

在市场极度低迷的 2014 年 2 月，我抱着谨慎乐观的态度对 2014 年中国股市做了非常大胆的如下预测：

（1）创业板大牛市终结，2014 年创业板没大机会。

（2）上证指数千点行情，从 2000 点上涨至 3000 点。

并勾勒出上证指数千点行情的轮廓：

（1）上涨 200 点（2200 点），空方开始放空股指期货。

（2）再上涨 300 点（2500 点），空方全面放空股指期货。

（3）再上涨 300 点（2800 点），空方被迫止损出局。

（4）空方止损，将上证指数再度推高到 3000 点上方。

2014 年 12 月 5 日，上证指数冲上 3000 点，我在 2 月底上证指数 2000 点时关于股指千点行情的预言提前实现。截止到 2014 年 12

月 31 日收盘，上证指数进一步上涨到 3239.36 点。

表 2-2 显示，不仅大盘整体走势与我年初预测完全相符，更令人惊叹不已的是，上证指数各阶段性走势，也与我的预测完全一致，几乎是我预测的翻版。

表 2-2　大指数涨幅对比表

	2014 年 2 月 28 日	2014 年 12 月 31 日	涨跌	涨跌幅（%）
上证指数	2056.30	3239.36	1183.06	57.54
创业板指数	1434	1471	37	2.58
IF300	2041.6	3627.0	1585.2	77.58

如图 2-46 所示，上证指数在 2200 点上方出现横盘走势，这是以对冲基金为首的空方不断放空股指期货造成的；上证指数在 2500点附近再度滞涨，空方在这个点位开始全面放空股指期货；当上证指数上涨至 2800 点时，不少低位放空股指期货的空方已濒临爆仓，

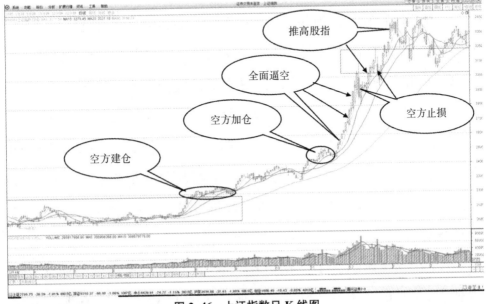

图 2-46　上证指数日 K 线图

不得不止损出局，而不断止损的空单，形成空逼空，将上证指数快速推高到 3100 点附近。

我此前曾多次预测到股市运行的重大拐点，但如此全面预测到行情走势与变化，还是第一次。可以用叹为观止来形容，亦毫不夸张。我之所以能成功预测，所有的功劳都归于股价稳定态理论。

神奇的股价稳定态理论

股价稳定态理论原称股市动态博弈平衡论。是我 20 多年证券投资、股票交易的心得与总结，从而建立的面向二级市场股价波动的股票理论体系。理论来自我多年实践，因此具有很强的实战指导意义。2014 年初我对股市的预测，完全来自我运用股价稳定态理论对股市推演的结果。

上证指数在 2020~2180 点稳定态横盘三年，下个稳定必然是高位的 3020~3180 点。在这两个稳定态之间，在 2500 点、2800 点附近存在两个次级稳定态（见图 2-47）。

根据股价稳定态理论，上证指数在 2020~2180 点稳定态上方 2200 点附近，存在一股强大的回归稳定态的作用力。指数自然会在此出现横盘整理。在强大的惯性思维下，股指空方会在此建仓。

根据股价稳定态理论，在通常情况下，上证指数会在 2500 点、2800 点附近的两个次级稳定态内横盘震荡。但是，股指期货的出现，改变了股市原有的运行轨迹。上证指数飙升至 2800 点时，低位的股指空头已接连爆仓，直接将大盘推升到 3020~3180 点稳定态内。上证指数并没有在 2800 点附近出现震荡。

如图 2-47 所示，上证指数在 2500 点附近出现震荡，而从 2500 点到 3100 点几乎是一气呵成。上证指数冲上 3100 点后的两次快跌，

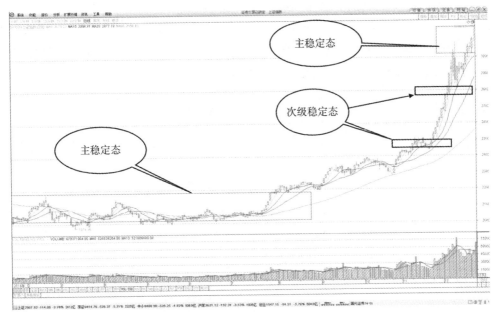

图 2-47　上证指数日 K 线图

是因多头获利回吐和残留的空头砸盘形成的。

　　作为信息末端的普通投资者，我能够在 2014 年 10~12 月初短短两个多月能实现 400% 的收益，完全得益于对股价稳定态理论的良好把握和灵活运用。因为在行情启动前，我已推演出大盘走势，并据此轻松地寻找到热点板块与个股机会。

　　关于股价稳定态理论更多细节，大家不妨参阅在 2015 年初公开出版的《精准狙击——股价稳定态理论与应用》，仔细阅读该书，相信一定能令你受益匪浅。

13. 一将功成万骨枯！空头大爆仓

　　2014 年第四季度，中国股市出现逼空式暴涨，却是典型的"一九"结构性行情，大盘指数暴涨，大部分个股股价原地踏步。绝大多数股民因未配置以券商、高铁为代表的权重股，收益平平。可谓几家欢乐几家愁。但相比做股指期货对冲的私募来说，还是好很多。

如图 2-48 所示，在 2014 年下半年，沪深 300 股指期货从 2014 年 6 月的 2117.31 点一路飙升，到 2015 年 1 月初已上涨至 3689.75 点。这段时期内，股指期货总持仓一直维持在 12 万~15 万手，每个点价值 300 元，保守估计，股指期货空方至少损失了 500 亿元的资金。

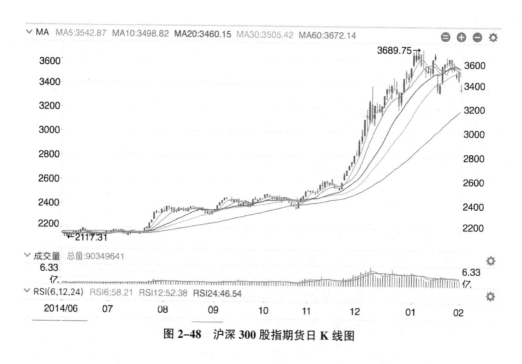

图 2-48 沪深 300 股指期货日 K 线图

2009 年，我国推出创业板，处于高速发展中的小市值企业纷纷上市。为了解决进一步发展的资金缺口，上市企业股东采用股权质押的方式进一步融资。但是，小市值公司股价波动过大，这给银行等金融机构业务风控带来很大难题。2010 年推出的股指期货，为金融机构提供了对冲风险二级市场风险的工具，初步解决了这个问题。上市公司股东将股权质押给金融机构，并拿出一部分融来的资金在股指期货放空，对冲质押股票下跌的风险。这就是中国股市上一度非常流行的市值管理原理。

在 2011 年至 2014 年下半年之前，大盘股低迷不振，上证指数长期在 2020~2180 点稳定态内盘整，逢高放空股指期货不仅风险很低，而且有利可图。因此，多股票空股指的市值管理几乎成了无风险的投资而大行其道，大小私募纷纷效仿。这也就不难理解 2014 年下半年大部分对冲基金手中持有的股票，依然以小盘股为主。

成也萧何，败也萧何。2014 年第四季度，中国股市出现逼空式暴涨，但大部分个股股价原地踏步，涨幅远远小于股指期货上涨的幅度，对冲基金则纷纷出现爆仓。那段时间，我不断听到杭州某某私募被拉爆仓，损失几千万元、上亿元、数亿元等；其中还有号称中国最好的对冲私募基金公司，旗下多只对冲产品被拉爆，损失数亿元的资金。

我在前文一再强调，2014 年下半年股市大涨，早就有很明显的迹象和预兆。但热衷于做"市值对冲管理"的中小私募，却沉溺于以往的市场格局、旧有的盈利模式之中，不愿意直面市场的变化，终于遭遇灭顶之灾。2014 年，热衷做市值对冲管理的中小私募损失惨重，全面溃败，彻底伦为大牛市的祭品。

一将功成万骨枯

可以说，2014 年第四季度大盘指数单边上涨行情，就是踩着数不清的股指期货空方尸骸上涨的。大盘最后一波快速上涨，更多的是因为股指空方不断砍单爆仓，形成"空逼空"，造成指数缩量快速上涨。

14. 40 元只是第一目标而已

2014 年 12 月 10 日，停牌三个多月的 600571 信雅达复盘，股价连续涨停，趁其回调，我在 26~28 元再度满仓信雅达 40 万股，准备回归初心，接下来就做这只股。

正如我预料的那样，经过短暂整理，信雅达很快再度走强。图 2-49 显示，在 2015 年 1 月底，股价上攻进入 39.00~43.00 元稳定态内，并在高位宽幅整理。此时，我直接操作的账户资产达 1700 万元，老×另外一个账户也回本了，总资产达 2200 万元。

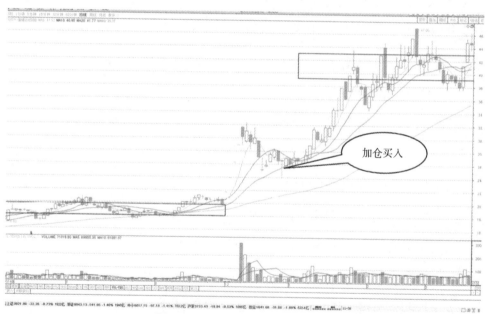

加仓买入

图 2-49　600571 信雅达日 K 线图

2014 年千点行情，由于错配板块，大部分股民几乎没赚钱，有不少做对冲的私募被逼空。在一个高手云集的股票交流群，满群的人看着我在疯狂地交易券商股。

正在我雄心壮志之际，接到老×要我全部清掉信雅达的电话。

他被快速增加的资产吓傻，信雅达 1000 多万元的盈利让他坐立不安。

"上官，600571 信雅达已 40 多元，已涨到位，我们已赚了很多钱，把它全部出掉吧。"电话的那一头，老×说道。

"另外，融资融券暂时也不要做了，借入的资金先全部还掉吧。"老×补充说。

"×总，600571 信雅达这波行情至少会到 80 元，40 元只是第一目标而已。后市空间还很大。"我坚决反对出掉信雅达。

"金证股份现已 70 多元，没有任何回调迹象。1 年前，我们一起买的时候，两只股只相差 1 元，10% 都不到。现在股价相差近一倍。"

"因此，信雅达一定还会涨！"我进一步解释说。

"上官，现在大盘涨这么多，但其他股票都没怎么涨。大盘一定要大幅回调的。"

"最近我身边做股票的人都亏了，就我们赚钱，你觉得正常吗？"

"赚这么多钱干吗啊？见好就收吧！"老×对此有些生气，显得非常不耐烦。

赚了这么多钱居然也是错？既然话都说到这份上，我被迫妥协。我陆续归还全部资融余额，并于 42 元附近减仓 20 万股信雅达，强留了 20 万股。可惜的是，因历史原因和行情火爆，资融余额归还后，再无法从开户的中信金通融资。

如图 2-50 所示，在 2015 年 1 月，金证股份股价一路上涨至 70 元上方，而且没有任何调整迹象，已比同期的信雅达股价整整高了 30 元。行情显然并没有结束。

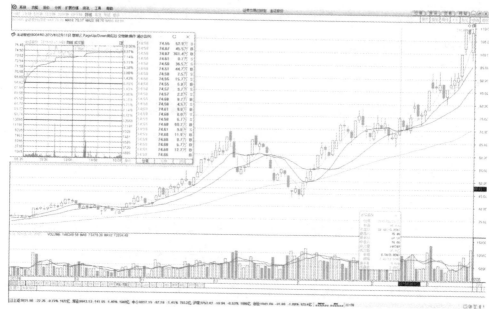

图 2-50 金证股份日 K 线图

2015 年春节前，我管理账户资产超过 1700 万元，增长近 400%。

15. 大牛市，3000 点起步

2014 年下半年，在低市盈率的大盘股、牛市业绩预期强烈的券商股、国家强力推动的"一带一路"高铁基建股的推动下，上证指数上涨 1000 多点，从 2020~2180 点稳定态进入 3020~3180 点稳定态。

由于 2014 年第四季度单边上涨行情，将股市、期指市场恶意做空资金全面剿杀。市场恶意做空力量一度不在，中国股市回归相对正常的走势。毫无疑问，随着市场人气转暖、社会资金的不断流入，最终会引发新一轮牛市行情。也就是说，中国股市真正的大牛市，从上证指数 3000 点才刚刚起步！

根据我自创的股价稳定态理论，上证指数在 3020~3180 点稳定态横盘至少整理 5~6 个月，即要在 2015 年 5 月后才会再度向上。然而，在社会舆论导向和赚钱效应等多重刺激，踏空的社会资本早已急不可待，不断涌入股市这块洼地。为了追求超额收益，流动热钱在无法获得券商融资融券额度的情况下，纷纷采用 5~10 倍杠杆的场外配资进行交易。巨额的配资，为今后的股灾埋下了核弹。

无惧国家三令五申清退股市配资资金的警告，在海量配资资金的推动下，大盘不断震荡走高，并提前发动上攻。2015 年 3 月 16 日，上证指数脱离 3020~3180 点稳定态，再度展开新一轮上涨行情。

根据股价稳定态理论，大盘将挑战更高位 4200~4500 点的稳定态。于是我断将个人自有资金，投入股指期货市场，单向做多。短短 3 个月内，收益 400%。

由于上证指数在 3020~3180 点稳定态内横盘时间明显不够，我内心总有种莫名的不安。因为我知道，上证指数 3000 点起步的大牛市，基础并不够扎实。

图 2-51 清晰地显示，上证指数在 3020~3180 点稳定态内，只整理了短短 49 个交易日。远远少于股价稳定态理论需要的 80~120 个交易日，就在流动热钱的推动下，向高位 4200~4500 点稳定态运动。

由于横盘时间太短，大牛市基础不够扎实，最终导致 2014~2015 年大牛市昙花一现。

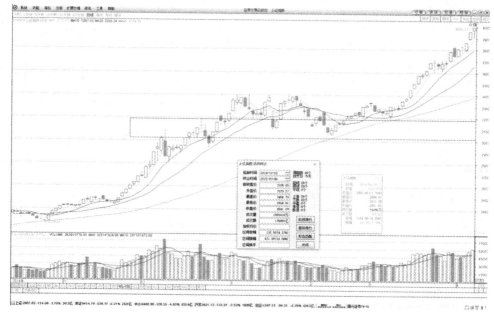

图 2-51　上证指数日 K 线图

16. 到 5000 万元，需要多久

2015 年春节来得有点晚。

春节长假过完，股市开盘，就是 2015 年 3 月了。在甲午年股市开盘前，老×找我交流对股市的看法。

"上官，你对股市怎么看？"

他对股市很是不放心。

虽然在过去几个月里赚了 1000 多万元，老×心里还是很不踏实，毕竟 2014 年的千点行情，绝大多数老股民都没赚钱。估计整个春节长假，他都在考虑这事。

"2014 年的千点行情只是把做市值对冲管理的资金打爆，彻底改变市场运行趋势。真正的牛市在 3000 点起步。"

"上涨趋势一旦形成，是不会这么快结束的。"

"去年涨指数，今年个股会全面上涨。"我再次全面阐述了我对股市的看法。

"上官，我现在账户总共有 2200 多万元。"他停顿了下。

"如果都交给你，多长时间能做到 5000 万元?"

"给我个最长时间!"他强调道。

"2000 万元做到 5000 万元，两年内一定能做到。"我简单估算了一下，给了个非常保守的时间。

"那好，到 5000 万元就全部清掉。"

"有 5000 万元也够了。"老×接着说。

我很惊讶当时他怎么就此萌生退意，因为在我看来，真正的大牛市 3000 点才起步。牛市才刚刚开始而已。

无论如何，从 2200 万元到 5000 万元之路就此开启，而令我万万没想到的是，在杠杆资金的推动下，行情火爆的程度远远超过我乐观的想象。但更令人难以想象的是三个月后资金超过了 5000 万元，大盘上涨已呈强弩之末，他却死活不肯退出市场……

17. 4200 点，轻松从头越

2015 年 3 月底 4 月初，上证指数在 3800 点一带短暂徘徊，不少人向我咨询:"上证指数能否上 4000 点?"

"4 月上证指数会上 4200 点，乐观的话会见到 4500 点。"我毫不犹豫地回答。

上证指数在 2015 年 4 月 10 日冲上 4200 点，在 2015 年 4 月 25 日冲上 4500 点。

根据股价稳定态理论，只要市场没有发生足以改变大盘运行的

重大事件，上证指数就会进入就近的稳定态内。如图 2-52 所示，距离上证指数 3800 点附近最近的稳定态就在 4200~4500 点。因此，在 2015 年 4 月，上证指数进入该稳定态内，并触及上轨 4500 点是大概率事件。

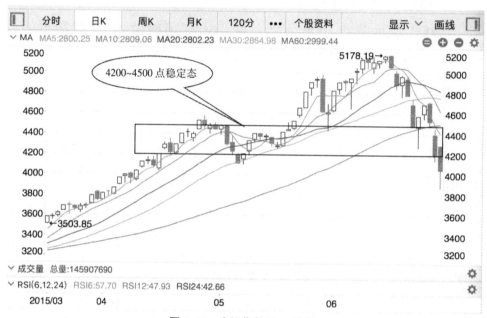

图 2-52 上证指数日 K 线图

大家谨慎时，要贪婪，大胆持股！

五、后期收获阶段

行情总在疯狂中终结！

这个阶段是股市行情进入最疯狂的时期，对交易者来说，要做好预防行情拐头准备，并在这之前进行获利了结，保住手中股票收益。

（1）根据市场，修正交易计划。

（2）冲高去杠杆，做撤离准备。

（3）目标价位附近，逢高减仓。

（4）再度评估市场，去抑或留。

从时间上看，自上证指数 2015 年 4 月 25 日冲上 4200~4500 点稳定态上轨，到 2015 年 6 月 15 日股灾之前，都是属于收获阶段。

1. 疯狂的市场，疯狂的投机

自 2014 年 9 月，沪深两地市场交易量不断放大。2015 年 4 月 20 日，沪深两市合计成交达 18025 亿元；上交所因为成交量超过万亿元，导致系统爆表，创出全球交易所有史以来成交最高值。2015 年 6 月 8 日，上交所成交量达到令人咋舌的 13099 亿元，再度刷新全球交易所有史以来最高成交量（见图 2-53）。

在不断涌入的社会资金推动下，个股股价出现大幅飙升，大盘指数节节攀高，投资者的投资热情出现飙升；大盘指数一路攀高，吸引了更多社会资金涌入股市，进一步激发了投资者的投资热情，最终演变成疯狂的投机博傻行为。在疯狂的投机资金推动下，2015 年 5 月，超过 300 只 A 股股价翻倍，超过当时 A 股股票总数的 1/10。

疯狂的投机资金涌入市场，造成股价大幅波动。如图 2-54 所示，600571 信雅达股价，在 2015 年 4 月，日内股价剧烈波动，波动幅度经常超过 10 元。我用 2 万股信雅达做盘中 T+0 高抛低吸交

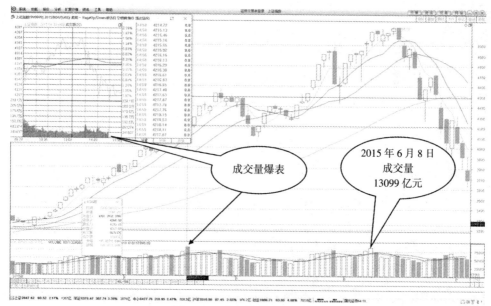

成交量爆表

2015 年 6 月 8 日
成交量
13099 亿元

图 2-53　上证指数日 K 线图

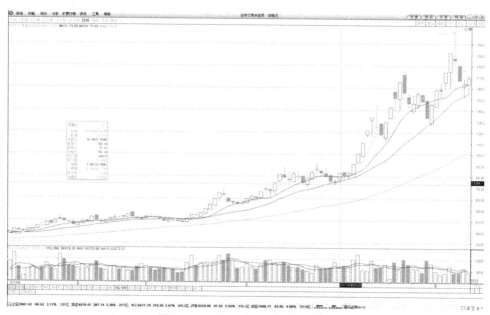

图 2-54　600571 信雅达日 K 线图

易，一天竟能获利十多万元。

相比疯狂的市场，还有更疯狂的媒体舆论。

2. 4000 点才是牛市的起点？

2015 年 4 月 21 日国家喉舌《人民日报》发布评论员文章《4000 点才是 A 股牛市的开端》（该文的网络截图见图 2-55）。该文进一步激发了市场浓厚的投机热情。

4000点才是A股牛市的开端

王若宇

2015 年 4 月 21 日 13：44　来源：人民网-股票频道　手机看新闻

打印　网摘　纠错　商城　分享　推荐　人人民微博　🖼　　　　字号🔲🔳

　　4月20日，沪深两市合计成交达18025亿元，创历史新高。上交所更是因为成交超过万亿，导致系统爆表，创出全球交易所有史以来成交最高值。伴随市场热情的飙升，各种观点争相交锋。如何看待这一轮牛市？为什么中国经济在告别高速增长，但股市却创下交易新高？牛市背后是泡沫吗？甚至有观点称，是因为实体经济不景气，生产资金和银行信贷涌入资本市场才促成的牛市。对此，笔者认为值得商榷。

　　这轮牛市有别于2007年的市场行情，背后的原因是中国发展战略的宏观支撑以及经济改革的内在动力。

　　从时间节点上看，中央在2013年9月提出了"一带一路"重大倡议，随后资本市场长达七年的熊市宣告终结。"一带一路"将提速蓝筹公司全球化进程，进而实现人民币国际化和中国金融业的全球化。这轮牛市的启动，就是以银行等蓝筹股的发力作为重要标志。如果只看到银行股自牛市启动以来已经涨了1倍多，那么股价无疑是高的。但是如果你把人民币想象成美元，把中国的银行看作是美国的银行，那么目前中国银行的市盈率仍然偏低，价值仍然被低估。可以预见，伴随人民币国际化和自贸区金融改革的深入，国内银行迈向世界并不遥远。从市盈率看，中国银行业向美国银行业靠拢的时间表也就是人民币国际化的时间表。

　　4000点才是A股牛市的开端。

图 2-55　新闻截图

4000 点才是牛市的开端？那么，上证指数从 2000 点暴涨到 4000 点，已经翻倍，这算什么？搞得我有些懵圈。

3. 三级预警，老板提走 1500 万元

大量涌入的热钱，将股指不断推高，到 2015 年 4 月，上证指数快速进入 4200~4500 点稳定态，我重点操作的股票 600571 信雅达股价也从 40 元上涨到 70 元，操作的账户资产也同步增长到 2500 万元。

如图 5-56 所示，由于大盘上涨过快，我不认为上证指数能进入更高的稳定态内。在上证指数于 2015 年 4 月 27 日冲上 4200~4500 点稳定态上轨 4500 点后，我发布三级预警提示。

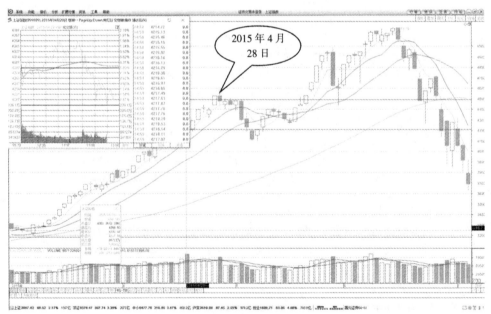

图 2-56　上证指数日 K 线图

在他老婆的一再敦促下，2015 年 4 月下旬，老 × 先后从我管理的账户上提走 1500 万元的资金。提前转出的资金，虽然少了不少收益，但正是这部分资金，才最终保住了他的收益。

4. 新目标价：180 元

在发布三级预警的同时，我也对手中重仓的信雅达进行了再次评估。2015 年 4 月底，信雅达股价上涨进入最初预计的 70.00～80.00 元稳定态内。基于当前火爆的市场，信雅达股价自然是水涨船高，会进入更高位的 128～142 元稳定态内，甚至会冲高到 180 元。

我上调信雅达目标稳定态还有个很充分的理由，那就是金证股份。如图 2-57 所示，金证股份股价 4 月底已飙升至 185 元，比信雅达股价整整多出 100 元。无论如何，二者不该有这么大的差价。

图 2-57　金证股份日 K 线图

当时，在信雅达上的盈利已超过惊人的 2000 多万元，再度让老×坐立不安，再度要我在 80 元一带出掉所有信雅达，兑现收益。在我坚持下，最终留了 10 万股信雅达。

5. 可笑的"牛市万点论"

进入 2015 年 5 月，中小投资者普遍认为，上证指数年内会涨到一万点。我与某位在财经界有丰富人脉的朋友交流，他神秘地告诉我，"国内十大公募基金都有很好后市，认为年内一定涨到一万点"。

中国股市万点论由来已久，上轮行情中，多位专业人士、机构就抛出过牛市"万点论"。

中央财经大学中国企业研究中心主任、知名经济学家刘姝威，在 2014 年 12 月 15 日发布博客称："2015 年也许像 1978 年一样，将在中国历史上写下重重的一笔。新一轮的中国经济发展将推动股指越过万点。"但她同时也表示，推动沪指过万点需要具备基本的前提，比如"实业的整体利润水平一定要高于股票投资收益率""上市公司必须保证披露信息的真实和完整"等。

2015 年 3 月 17 日，沪指突破 3500 点。中航证券曾公开表态称："6124 点必然被突破，一万点并不是梦。"他们的理由是：本轮行情在 A 股 7 年熊市之后发生，沪指绝不可能只上涨一倍；突破 6124 点只是必然，尤其是管理层对本轮牛市坚定的态度，致使牛市的核心推动力量更加强劲，所以，本轮牛市的基本目标一万点。

当时认为 A 股将突破一万点的，还有国信证券和国盛证券。前者认为新一轮牛市可持续 3~4 年，上证指数未来空间在 5600~10000 点；后者则表示，中国第五轮大牛市已经扑面而来，未来必将涌过万点大关。

华泰证券的研报也指出，大牛市刚开始，国际资金 5 万亿元、从存款和房地产资金配置转移进来 16 万亿元、银行理财资金转移 9 万亿元，共计 30 万亿元资金分三波进 A 股，2013 年提出的上证到 2022 年上万点的预测是合理的，而且也并不激进。

最早提出"股市万点论"的，其实是我。不过，我预言上证指数涨至万点，有明确的前提条件：

（1）遏制住房价进一步上涨。

（2）经济发展方式实现转变。

时间上是要在 2022 年前后，而不是 2015 年。听闻朋友如此坚定地认为上证指数年内会上万点，我还是不由惊呆了。

上证指数年内会上万点？怎么可能！

2015 年 5 月，上证指数还在 4200~4500 点稳定态内，根据股价稳定态理论，上证指数涨到上万点，还必须经历 6200~6500 点，8400~8800 点的稳定态。即使按最短时间计算，从 4200~4500 点稳定态上涨到 6200~6500 点稳定态，从 6200~6500 点稳定态上涨到 8400~8800 点稳定态，各需要 2 个月时间；在 6200~6500 点、8400~8800 点稳定态也各需要盘整 2 个月，这样则至少共需要 8 个月时间。这决定了上证指数在 2015 年内根本不可能见到一万点。

对市场疯传的股市"万点论"，我是嗤之以鼻的。面对身边同事、朋友咨询股市"万点论"的真实性，我只有调侃道：

"股市早就上万点了！"

"深成指数年初就上 10000 点了，现在都已 15000 点。"

"股市上万点。应该指的是中证 500 指数冲上 10000 点。现在中证 500 指数已 11000 点上方，你们还不考虑走？"

未想戏谑的话，再度一语成谶。中证指数很快就暴跌。

图 2-58 显示，中证 500 指数在 2015 年 5 月底冲上 10000 点，并在"股灾"前创出 11616.39 的新高，之后就开始暴跌。2015 年，大盘指数确实见到万点，可惜是中证 500 指数，而不是大家期望的上证指数。

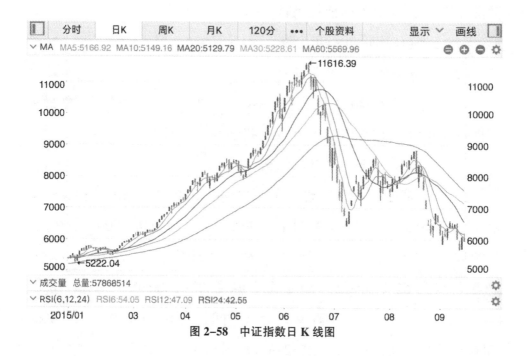

图 2-58　中证指数日 K 线图

行情总在疯狂中终结！我冷静地告诉自己。

在"万点论"面前，我将股市风险预警提高到二级。

6. 5000 万元，只要 3 个月

2015 年 4 月底，老×从我操作账户转出 1500 万元，只剩下 1000 多万元，到 5 月底，我管理的账户资产又上涨到 2100 多万元。由于

行情确实火爆，老×自己管的股票账户疯狂融资交易，资金也从年初的 400 万元迅速增到 1200 万元。此外，老×期指账户也已回本，有 250 多万元资金。总资金实际已超过 5000 万元。

表 2-3 显示，截止到 2015 年 5 月底，老×总金融资产已突破 5000 万元。而在三个月前的甲午年开市时，他几个账户总共只有 2200 多万元。

表 2-3 2015 年 5 月底账户净资产情况

账户	净资产（万元）
主账户	2100
银行账户	1500
小账户	1200
股指账户	250
总计	5050

从 2200 万元做到 5000 万元需要多久？

只需要三个月！

原计划两年做到 5000 万元，竟然三个月就实现了！

7. 大哥！我们认识吗

2015 年 3 月后，我电话突然多了起来。很多是并不熟悉或很久没联络的朋友来电话。电话的主题无非是股市。在 QQ 空间上也是如此，见图 2-59。

"上官，最近股市很好。给我找只牛股。"

"上官，有什么股票推荐的？"

"上官，我手头上有几百万，你能否给我操作一下？"

你们当股市是我开的啊？一旦行情转暖，就有很多啥也不懂的

琴心 🐾 逃离地球 工作QQ，请勿咨询股票！！！
2015年4月21日 🔒
更多 ▼
我也说一句

琴心 工作QQ，请勿咨询股票！！！违者拉黑！
2015年3月10日 🔒
更多 ▼
我也说一句

琴心 搞证券没朋友，推错失去一个朋友；推对会再要一个，直到失去一个朋友；不推荐，又失去一个朋友！
2015年3月1日 🔒
更多 ▼
我也说一句

图 2-59　我的 QQ 空间截图

新股民如飞蛾扑火般纷纷往里跳。对此，我只有无奈地摇头。

还有比这还夸张的事。

有人从千里之外过来找我，说有 2000 万元，让我帮他在股市里"赌"一下。

这个点位进去，确实只能赌了。既然是赌，自己闭着眼买就是，何必找我呢？

更加离谱的事，还有呢。

有次跟朋友聚会吃饭，谈到当前股市我自然是如数家珍，言及收益我自然眉飞色舞，毫不掩饰地侃侃而谈。邻桌一老板模样的人突然过来敬酒，并说他可以拿几千万元资金让我给他操盘。

"大哥！我们认识吗？"我一脸懵逼。

"大盘空间已有限，现在参与股市意义已不大。"我实话实说，礼貌地谢绝了他。

不是我矫情，一向缺钱的我，不给他操作是因为：

（1）手中管的几个账户总资产超过亿元，当时我真不缺钱。

（2）你见过 4000 点后进场，有赚钱出来的吗？

8. 没有半夜鸡叫的"5·30"

有 10 年股龄的老股民，对 2007 年 5 月 30 日"半夜鸡叫"记忆犹新。

"5·30 半夜鸡叫"，股市大暴跌

2007 年 5 月 30 日 2 时，各媒体同时报道从当天起印花税提高到 3‰双向征收。这一举动引起了中国股市连续 5 天的大暴跌。而几小时前，国家税务总局有关负责人还在央视上澄清没有上调印花税的政策，社会上的说法纯属谣传。该事件造成国家公信力严重损伤，被老股民戏称为"5·30 半夜鸡叫"。

其实，引起 2007 年 5 月 30 日股市大暴跌的根源并非是"5·30 半夜鸡叫"，而是当时股市短期过度上涨，获利盘集中蜂拥而出导致的。如图 2-60 所示，当时上证指数短期上涨已到尾声，近乎强弩之末。

没有半夜鸡叫"5·28"，同样暴跌

历史总不断重演。2015 年 5 月底，中国股市再度经历大涨，强势已成强弩之末，出现大暴跌已不可避免。2015 年 5 月 28 日开盘，本人即直言"今天股市会大暴跌，建议先出掉手中股票"。并将QQ、微信留言改成"没有半夜鸡叫的 530，大盘同样难逃暴跌的命运！"（见图 2-61）。

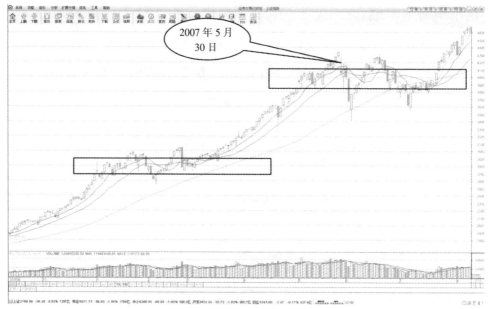

图 2-60 上证指数日 K 线图

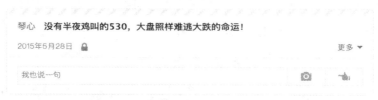

图 2-61 我的 QQ 空间截图

如图 2-62 所示，2015 年 5 月 28 日上证指数在 10：40 左右开始一路盘跌，14：30 之后，在蜂拥而出的获利盘打压下，当日暴跌 300 多点，跌幅达到 7%。大盘当日如此大的跌幅，在这几年之内从未有过。

2015 年 5 月 28 日大暴跌，表明市场疯狂做多的资金已近枯竭，大盘大幅回调已不可避免。我将市场风险警报提高到一级，并建议大家不要开新仓，做好随时清仓的准备。在权重股带动下，上证指数虽然很快收复 2015 年 5 月 28 日的跌幅，但这只是暴跌前的回光

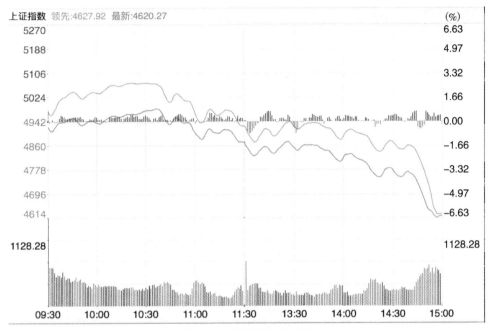

图 2-62　上证指数分时图

返照而已。

2015 年的 "5·28"，即 2007 年的 "5·30"。

2015 年 5 月 28 日和 2007 年 5 月 30 日，都是新加坡富时中国 A50 股指期货 5 月合约的交割日（富时中国 A50 指数日 K 线图见图 2-63）。

富时中国 A50 指数，是由全球四大指数公司之一的富时指数有限公司（现名为富时罗素指数），为满足中国国内投资者以及合格境外机构投资者（QFII）需求所推出的实时可交易指数。富时中国 A50 指数包含了中国 A 股市场市值最大的 50 家公司，其总市值占 A 股总市值的 33%，是最能代表中国 A 股市场的指数，许多国际投资者把这一指数看作是衡量中国市场的精确指标。

根据新加坡交易所规定，富时中国 A50 指数期货交易将在合约

图 2-63　富时中国 A50 指数日 K 线图

到期月倒数第二个中国交易日结束。期货交易结束当天应当是合约到期月的最后交易日。如果最后交易日并非中国交易日，那最后交易日则是开市交易的前一日。

在 A50 股指期货推出前，全球还不存在这种对冲 A 股市场风险的工具，A50 股指期货推出后便成为 QFII 等国际投资机构对冲 A 股市场风险的主要方式。富时中国 A50 指数期货交割多次影响到 A 股走势。

2015 年 5 月 30 日、31 日刚好是周末休息，所以富时中国 A50 指数期货交割提前到 28 日。

不能理解本人留言中的"5·30=5·28"，只能说你不适合做股票！

9. 奇迹！清在行情最高点

成功预见 2015 年 5 月 28 日大暴跌，更加强化了我对大盘"即

将见顶，随时拐头大跌"的判断。2015 年 6 月初，上证指数吞掉
"5·28"大阴线，快速冲上 5000 点，市场处在一片兴奋当中；我冷
静地指出大盘只是回光返照、典型的诱多行为。建议大家减仓，并
随时做好股票清盘的准备；同时，我自己还放空 IC 股指期货进行
对冲。

2015 年 6 月 12 日（周五）下午，我发出清盘建议，建议大家
将手中的股票，除了停牌或新股外，全部清仓。这天下午，上证指
数盘中创出该轮行情的最高点 5178.19 点（见图 2-64），这意味着
我的股票几乎都清在了最高位。

图 2-64 上证指数日 K 线图

股票群里一起交流的居然有某国有投资集团的操盘手，他听
了我的建议在暴跌前几天内抛出公司账户上市值 40 多亿元股票，
获利 25 多亿元，集团成为当年该省唯一盈利的省级国企，他也因

此一战成名！

在最高点清盘完全只是偶然和意外，我判定大盘在即将拐头，决定在 2015 年 6 月 12 日清盘，我有如下 4 点预判：

（1）大盘指数明显出现高位滞涨现象，部分技术指标出现钝化。

（2）国家开始追查、清理大量流入股市的配资资金，同时发行融资 300 多亿元的国泰君安等大盘股，加大市场供给，抑制市场过热投机。

（3）根据我独创的稳定态理论，上证指数在 4200~4500 点稳定态内整理时间太短，强行拉高后果会适得其反，出现暴跌。

（4）6 月的股指期货合约下周五交割，海外 A 股股指期货交割出现大跌，IF1506 等合约必定在低位交割，下周大盘必定杀跌。

2015 年 6 月 12 日，我将自己的账户股票清完，并建议身边的人清空股票。但老 × 却死活不肯出来……

10. 神话！1 年 12 倍

在 2014 年 6 月底，我被迫将操作账户全面减仓，当时账户净资产只有 416 万元。2014 年 7 月下旬再度建仓，至 2015 年 6 月股灾前，我操作的该账户累计增长到 3600 万元，接近 8.5 倍！其中，超过 2500 万元收益，来自我长期持有的 600571 信雅达。

如图 2-65 所示，在上轮大牛市里，600571 信雅达股价最高冲至 210.94 元，是我低位建仓时的 16.5 倍，是上轮大牛市主板十大牛股之一。虽然我们没有拿到最后，但账户收益大部分依然来自该股，累计超过 2500 万元。

图 2-65　600571 信雅达日 K 线图

2014 年 6 月只有 416 万元。

2014 年 12 月突破 1200 万元。

2015 年 1 月突破 1600 元，上涨 3.86 倍。

2015 年 4 月突破 2500 万元，上涨 6.01 倍，后转出 1500 万元。

2015 年 6 月再度冲上 2100 万元，再度上涨 2.1 倍。

如果按复利计算，在不到短短一年里，我操作的账户累计实现惊人的 1262.02% 增长。

传说中的股神，也莫过如此吧?!

除了 2014 年 8~11 月短暂融资操作外，其他时期内，我操作并未采用杠杆。也就是说，我的收益，几乎是在 0 杠杆情况下取得的。可见，大牛市确实能创造财富神话。

但在巨大财富效应的背后，是股市不断积累的系统性风险。面对如此虚高的股市，我知道就犹如建在沙堆之上的摩天大楼，没有扎实的基础，终将坍塌。我仿佛已感觉到脚底下土地在裂开、大楼在晃动、在吞噬一切……

虚高的股市，也将吞噬贪婪的人们……

11. 人性啊人性

在我精心打理下，到 2015 年 6 月初，老 × 的几个账户净资产合计已超过 5000 万元。原设想三年内达到 5000 万元，竟然在三个月内就实现了！

如梦！

似幻？

3 月的谈话尚余音在耳，于是我对老 × 说：

"现在你几个账户加起来已经超过 5000 万元了，大盘一路涨到现在，积累的风险已经很高了。"

"不如清空股票，留五六百万元跟踪市场，等暴跌下来再进。"我接着建议道。

"现在行情这么好，每天都有几十家涨停。"

"你现在就看空，是不是太谨慎了？"

老 × 却认为现在市场机会这么好，正是赚钱的时候，应再赚它几千万元，甚至上亿元。他指责我过于保守谨慎，执着要继续赚钱。

面对如此贪婪的人性，我很无语。

"我感到有些累，想休息一段时间。"

"你把账户清算一下，我想出去玩玩。"

"我现在重仓 600637 东方明珠（百视通），出来再说。"

我退出态度坚决，老 × 决定自己做，几个账户在 72~77 元总共

买进 30 万股 600637 东方明珠（百视通）；仅仅 1 个多月，东方明珠
暴跌至 24 元，损失可想而知（见图 2-66）。

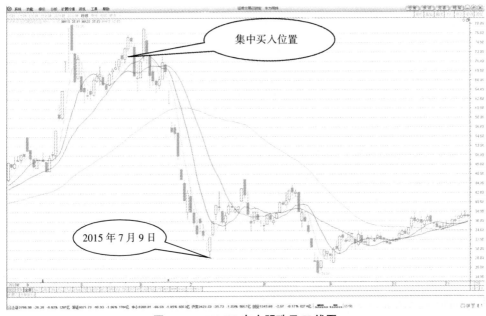

集中买入位置

2015 年 7 月 9 日

图 2-66　600637 东方明珠日 K 线图

当然，当时如此执着交易的投资者，大有人在。甚至包括一些
知名的投资机构，旗下一些产品最终被清盘。

六、末期反击阶段

大盘冲高结束就进入行情末期阶段，对交易者来说也步入交
易末期阶段。这个阶段个股市场风险会急剧增加，对交易而言首
先做的是控制风险，其次在风险可控的前提下，可寻找有限的交

易机会。

行情末期反击阶段，要做好如下五点：

（1）寻找高点，兑现手中浮盈。

（2）适当做空，对冲手中风险。

（3）快速杀跌时，择机做反弹。

（4）挖掘补涨股，从中寻找机会。

（5）再度评估市场，去抑或留。

当然，对上轮行情来说，重要的还是"救市"……

1. 盛宴结束！散户时代终结

2015 年 6 月 15 日（星期一），上证指数微微高开之后，就不断走低，收出中长阴线，但有几十只股开盘不久就直奔跌停。

我敏锐地意识到，这不仅是这轮股市行情的结束，而是散户时代的终结！次日在 QQ 空间上发表评论叹道"盛宴结束！股市谁都能赚钱的时代过去了"。建议股友不要抱侥幸心理，尽快离场（见图 6-67）。

图 2-67　我的 QQ 空间截图

中国股票市场一直以散户为主，大部分投资者缺乏独立判断能力，热衷于打听消息、追涨杀跌，导致大盘大幅波动。一旦行情好，则大量毫无经验的投资者盲目参与博傻，形成"全民炒股"。

2015 年股市暴涨暴跌，正是很多既无投资经验又无风险意识的新股民，盲目参与杠杆交易，最终酿成"股灾"。

始于 2015 年 6 月 15 日的股灾，短短一个月内就消灭资产 500 万元以上账户 3 万户，资产 100 万元以上账户近百万户，将大批风险意识低、盲目使用杠杆的股民清理出市场。自此，中国股市告别"散户时代"。与此同时，一大批经历市场冰火两重天"萃火"的优秀投资人脱颖而出，华丽转身成为私募基金管理人，推动私募基金获得蓬勃发展。

如图 2-68 显示，截至 2017 年 2 月底，我国私募基金规模突破 11 万亿元，超过公募规模；证券公私募基金占股票市场比重超过 20%，意味着中国股市已进入机构时代。

再创历史新高！2月底私募基金规模达11.35万亿，产品数逼近5万只！

2017-03-13 18:13　　　　　　　　　　　　　　　　　　　　　　　　○ 基金　私募

不出所料，今年2月份私募基金管理规模再次登上新高峰，突破11万亿元，同时私募产品数量也一步步逼近5万只。但2月份私募规模增速意外大幅下降，认缴规模仅增长3700亿元，实缴规模更只有增长1500亿元，与1月份的迅猛增长态势相去甚远。

私募总规模突破11万亿元 2月增速意外下滑

3月10日，证监会网站公布了最新月度的私募投资基金登记备案数据，截至2017年2月底，基金业协会已登记私募基金管理人18306家。已备案私募基金48626只，认缴规模11.35万亿元，实缴规模8.55万亿元。私募基金从业人员28.23万人。

私募总规模超过11万亿元，再次站上新高度。2015年1月底私募管理规模为2.63万亿元，到2015年12月底规模首次突破5万亿元，再到2016年12月底突破10万亿元，而今年才两个月就达11.35万亿元，总体增长十分迅猛。

图 2-68　新闻截图

全民炒股时代结束，机构时代来到。这意味着在股灾前高位追进垃圾股的投资者，绝无解套的可能！

2. 早砍可抄底，晚砍割地板

大盘开跌前后，我多次联系老×，要求减仓，清算账户收益。他以工作在外等众多理由避而不见，6月下旬终于找到他。

"手中股票一直跌停！"他直接告诉我。

"该怎么办？"老×问我。

"怎么办？赶快砍仓啊！"这还用问吗？我说道。

"早砍可抄底，晚砍割地板！"我补充说。

中国股市一直有"牛短熊长"的说法，我独创的股价稳定态理论也显示，下跌周期通常是上涨周期3倍以上时间。截止到6月下旬，股指冲高回落只有10天，调整才刚刚开始。此外，我还有一个很不好的预感，认为上证指数在（3020，3180）点稳定态横盘时间过短，要回到这个稳定态上补时，这意味着股市还要大跌。

我有不好的预感，最终噩梦成真！

如图2-69所示，2015年6月15日股灾开启，上证指数快速回落，很快击穿4200~4500点稳定态。但由于市场高估严重，时间、空间上的调整都远远不够，在同年8月发生"股灾2.0"、2016年1月发生"股灾3.0"（熔断），进入漫漫熊市。

大盘拐头，最好的策略是砍仓撤离，等到足够低位再行交易。

在调整的最初2周内，只要你够果断、够坚决，大部分股民是有机会出来的。身边有个非常谨慎的朋友L总，2015年6月15日他听我说大盘要跌了，当即清仓了手中股票；另一个朋友G总3天

图 2-69　上证指数日 K 线图

后也觉得大盘有点不对，果断清仓，保住了大部分收益。但大部分都在持股等待反弹，等待二次顶出现，等待国家出手救市……

可惜的是，他们没有等来反弹，等来的却是……

3. 救市?! 无解的股灾

2015 年 6 月中旬，由疯狂的配资资金推动的大牛市突然终结，由牛转熊。犹如爬升的飞机失去动力，股市突然失血性休克，大盘指数直接下坠，个股出现大面积跌停，而且越来越多的个股出现在跌停板上，形成股灾。

股市突然由牛转熊，引起国家和监管部门的高度重视，央行、证监会、交易所、协会密集出台降准降息、停发新股，组织资金入市等一系列措施进行救市。

6 月 27 日，央行定向降准降息拉开了救市的序幕。

6月29日，证监会一日之内连发两文安抚市场情绪。

6月30日，在基金业协会倡议下，13位私募大佬集体唱多。

7月1日，深沪交易所下调市场费用，证监会放松两融限制。

7月2日，《人民日报》等官媒发声力挺股市。

7月3日，上交所和深交所暂停IPO，证金、汇金入市。

7月8日，证监会要求大股东及董监高半年内不得减持。

……

面对汹涌的救市言论，我清醒地认识到：高杠杆配资强行推高的股市，犹如高危的堰塞湖，一旦出现溃坝（被强平），首先会直接冲毁下游的一级电站（券商融资盘）；狂泻的洪水（强平抛盘），会冲毁下游的二级电站（信托盘），三级电站（杠杆基金、指数基金），所有的梯级电站（公募基金、券商自营等）。唯一解决的办法就是外部力量（国家资金）强力出手，引洪泄流（托市），否则股灾基本无解（见图2-70）。

图2-70 我的微信朋友圈截图

高杠杆"股灾"根本无解！市场最终残忍地验证了我的观点！

4. 大崩盘！无可奈何花落去

2015 年 6 月底，国家开始出台一系列措施救市，力图增强投资者信心，维护股票市场稳定。但如同我判断的那样，高杠杆股灾根本无解。进入 7 月，在强平盘的冲击下，个股股价开始加速暴跌。

清理场外配资先是造成高杠杆配资被强平；暴跌的股价，导致中等杠杆券商融资盘强平；之后再度冲击信托融资盘，引发强平；还接连引发杠杆基金、指数基金赎回；公募基金、私募基金等的赎回清盘。如此恶性循环，导致风险不断扩散，指数加速暴跌。

自 2015 年 6 月 15 日至 7 月 9 日短短十几个交易日内，不少个股出现 10 个以上跌停！如图 2-71 所示，大恒科技在这期间，有 15 个交易日触及跌停板。这在当时很常见。

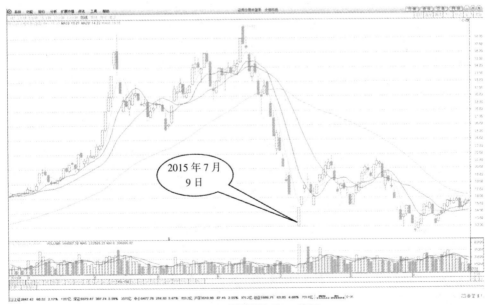

图 2-71 大恒科技日 K 线图

5. 7月9日报复性大反弹

2016年7月9日，受隶属国家财政部的汇金、证金公司组织1.5万亿元的资金入场，在强力"救市"的刺激下，上证指数下探至3373.54点止跌，并发生报复性大反弹。

图2-72清晰显示，上证指数3373.54点非常微妙，因为它在距3020~3180点稳定态上方6%附近，又是2009年上证指数的最高点附近。根据我独创的股价稳定态理论，指数快速跌至这个位置附近会报复性反弹，而技术分析人士认为，上证指数在上轮行情的最高点也会止跌反弹。因此，选择这个点位入场"救市"正是时候。

图 2-72　上证指数日 K 线图

由于选择的时机非常合适，国家大张旗鼓地入场"救市"，大盘及个股随即展开了大规模反弹。如图2-72所示，2015年7月9~25

日短短十几个交易日，上证指数就从 3373 点大幅反弹到 4200 点附近，反弹幅度超过 25%。不少个股的反弹力度也非常大。

如图 2-73 所示，在"救市"过程中，中国高科股价不仅全部收复跌幅，而且还创出了新高。在此期间，这类股票走势不在少数。

图 2-73 中国高科日 K 线图

可见，"救市"短暂获得了成功，但可惜就是太短暂了些。同年 8 月初，大盘再度下挫，发生"股灾 2.0"，正式踏上漫漫熊途……

6. 5000 点买进，3000 点翻倍

2015 年 6 月下旬，股灾开启，因我对此早有预见，个人在股指期货上适当做多 IF，放空 IC 进行对冲，截止到 2015 年 7 月 9 日，不仅没损失，反而盈利超过 20%。

依据我独创的理论，个别事件不会改变股市的中长期走势。针

对证金汇金拿出 1.5 万元亿真金白银资金入场救市，我认为：

（1）市场股价总体偏高，救市资金有限，救市难以成功。

（2）资金集中进银行等权重股，上证指数可守住 3500 点。

救市当然就是救大盘，自然是选择大盘权重股。我建议身边踏空的朋友可买进工商银行等低价、低市盈率权重股。

如图 2-74 所示，在 2015 年股灾期间，上证指数在 5000 点附近，工商银行股价只有 4.80 元。2017 年底，上证指数在 3000 点附近徘徊，工商银行股价上涨到 8.49 元。当时市场"5000 点套牢，3000 点翻倍"的流行语，说的就是工商银行等股。

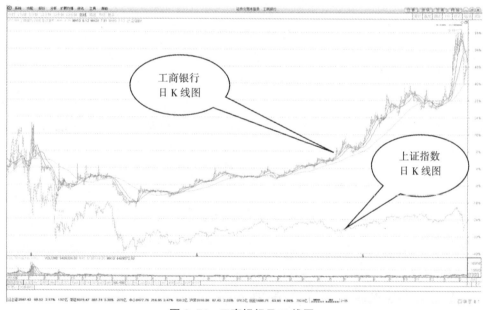

图 2-74　工商银行日 K 线图

2017 年，在救市资金逐步退出和股市疯狂 IPO 等多重不利因素的打击下，上证指数不仅没有下跌，反而在保险、银行等权重蓝筹股上涨带动下出现缓慢爬升行情。由此可见，如果当时数万亿元的救市资金集中买进权重股，是完全能够托住指数，"救市"也是能获得成功的。

因此，我更愿意把 2017 年下半年蓝筹股行情，称之为"救市2.0"！

众所周知，2015 年股灾的"救市"最终以失败而告终，而且之后还接连发生"股灾 2.0""股灾 3.0"。失败的根本原因在于大量救市资金没有集中买入蓝筹股，维护住大盘指数，而是购买了许多垃圾股。

连我这类小股民都知道，救市就该买大蓝筹。专业团队怎么会买垃圾股呢？显然，这当中一定有问题。

很快，残酷的现实就证实了我的不良预感……

7. 救市大业，溃于内鬼

股灾发生后，国家掏出真金白银果断救市，为市场提供了必要的流动。国家队入场救市，引发一波跟风炒作。在炒作过程中，细心的投资者自然注意到了 002269 美邦服饰在股灾中的异动。

龙虎榜显示：

（1）7 月 6 日，中信证券北京总部国家救市席位买入 3 亿元。

（2）7 月 8 日，中信证券北京总部国家席位再次大举买入 29亿元。

如图 2-75 所示，002269 美邦服饰在 2015 年 7 月 9 日放出巨额成交量，系国家救市资金大量买入所致。之后，该股出现连续涨停，并在 2015 年 8 月初创出 33.53 元新高，自救市之后上涨近一倍。

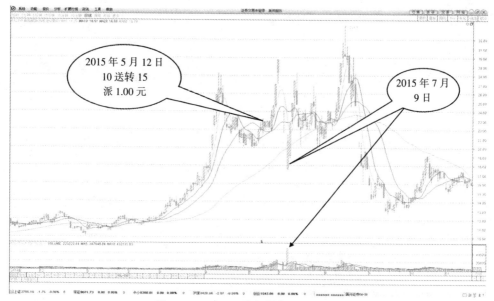

图 2–75   002269 美邦服饰日 K 线图

国家宝贵的救市资金大规模买入一只既无业绩又无题材、夕阳行业的垃圾股。舆论哗然，质疑声四起。将中信证券、国家队、证监会及救市本身推上风口浪尖。

随着公安机关的强力介入，"救市"朝另外一个方向发展：

8 月 25 日，作为券商之首和头号救市主力的中信证券董事总经理徐刚等 8 位高管涉嫌违法从事证券交易活动被公安机关带走。

9 月 15 日，中信证券总经理程博明因涉嫌内幕交易、泄露内幕信息被公安机关依法要求接受调查。

9 月 16 日，曾担任"救市总指挥"的中国证监会主席助理张育军被查。

11 月 1 日，徐翔等涉嫌通过非法手段获取股市内幕信息，从事内幕交易、操纵股票交易价格等被逮捕。

11 月 13 日，证监会副主席姚刚同样因为"涉嫌严重违纪"的原因接受组织调查。

......

国家耗资数万亿元的"救市"资金，被这些蛀虫用于拉升自己套牢的个股。"救市"成了某些人发国难财的绝好借口。

救市大业，毁于这些内鬼之手。

8. 为国接盘，无言的结局

在 2015 年 6 月下旬股灾开启，我对此早有不祥的预感，自己在股指期货上适当做多 IF，放空 IC 进行对冲。截止到 2015 年 7 月 9 日，我本人股指账户资产不仅没有损失，反而盈利达几十万元。

如图 2-76 所示，"股灾"期间，中证 500 指数跌速大于沪深 300 指数跌幅。Q 在股指期货上做多 IF，放空 IC 进行对冲，成功帮我逃过了"股灾"第一轮杀跌。

图 2-76　中证 500 指数与沪深 300 指数日 K 线对比图

也许是我太自负，也许是基于对股市的某种情怀，在震天响的"为国接盘"口号声中，明知市场风险还很大，我毅然参与其中。与大多数股民不同，我认为个股风险依然很大；但认为数万亿元资金会主打指标股，将大盘指数维持在 3500 点一带，于是单向重仓股指期货多单。最终，我因这自视高明的策略付出了惨重代价。

到 8 月中旬，大盘再度出现杀跌，我当时也在股指期货上遭受较大损失之后，感觉留在股市意义已不大，于是在图 2-77 所标的位置撤出全部资金，进入半休息状态。

图 2-77　上证指数日 K 线图

我参与的上轮行情过程，就此结束。

现在回过头来看，上证指数这几年基本在我撤出点位下面运行。这两年有人收益丰厚，但大部分投资者亏损累累。一旦市场趋势走坏，最好的交易就是休息，耐心等待新一轮牛市再度酝酿、启动。

因为，对中小投资者来说，最不缺的是时间。

七、百倍真不是梦

从 2014 年 7 月初至 2015 年 6 月期间，我管理的账户资金从 416 万元，增长到 3600 万元（期间只用了两个多月的融资杠杆），增长近 8 倍，复合收益超过 1200%。其实，这个收益可以更高，如果借助低杠杆的融资融券，完全可实现百倍收益。

1. 走下神坛的股神

在 2015 年股灾中，与疯狂的牛市一起"陨落"的还有被广大股民顶礼膜拜的"股神"——徐翔。

徐翔，1978 年出生，人称"宁波涨停板敢死队"总舵主，"私募一哥"。从营业部成名，到公开发行阳光私募产品，徐翔在创造一个又一个资本市场的奇迹，同时始终保持神秘。曾任上海泽熙投资管理有限公司法定代表人、总经理。

2015 年 11 月 1 日，徐翔等通过非法手段获取股市内幕信息，从事内幕交易、操纵股票交易价格，其行为涉嫌违法犯罪，被公安机关依法采取刑事强制措施，2016 年 4 月被依法批准逮捕。中信证券股份有限公司总经理程博明、经纪业务发展委员会行政负责人刘军、权益投资部负责人许骏等涉嫌犯罪，被依法批捕。

至此，"股神"徐翔敛财手段被曝光——内幕交易。

2017 年 1 月 23 日，青岛市中级人民法院对被告人徐翔、王巍、竺勇操纵证券市场案进行一审宣判，被告人徐翔犯操纵证券市场罪，被判处有期徒刑五年六个月，同时并处罚金。该案中，徐翔、王巍、竺勇的违法所得共计人民币 93 亿元，被依法上缴国库。

2. 股坛流传新神话

随着"股神"徐翔的退幕，中国股市又流传新的神话。2015 年，关于中国顶尖游资高手赵老哥，创新"八年一万倍"的神话刷亮了中国各大财经网站。

也许你从未听过"赵老哥"这个名字，但其经历足以让你惊诧。股市流传，"80 后"的赵老哥在股市当中风格彪悍、手法诡异，凭借父母提供的 10 万元资金入市，缔造了"八年一万倍"的辉煌战绩。因为在中国神车上获利数亿元而一夜成名，成为中国股市无数短线选手顶礼膜拜的新偶像。

我们无从知晓赵老哥他"八年一万倍"的真实性，但我知道这完全是有可能的。如果每年实现+220%的收益，并能持续八年，就有 1 万倍。每年实现+220%的收益，在高波动的中国股市是可能的。况且，短线高手大多采用 1∶5 杠杆交易，一年下来，如果把握好，10 倍收益完全可能的，八年 10000 倍也完全可能。

股市的神奇就在于其从来不缺乏神话，多少怀揣梦想的人因此投身股海，疯狂短线交易，但真正成功的只有极少数。高杠杆，意味着高风险，股价一个激烈的震荡，就会让你纸上的富贵化为乌有。因此，我并不主张如此激进的交易。

拥有财富梦想的投资人，我有一种相对更加简单、更加稳健的投资策略，可帮助你在一轮大行情里，稳步获得百倍收益，实现财富自由。

3. 交易反思与感悟

在几乎未用杠杆的情况下，从 2014 年 7 月初至 2015 年 6 月期间，我操作的某账户资产从 416 万元，直接增长到 3600 万元。

2014 年 6 月只有 416 万元；

2015 年 1 月突破 1600 万元，上涨 2.85 倍；

2015 年 4 月突破 2500 万元，上涨 5.01 倍，后转出 1500 万元；

2015 年 6 月再度冲上 2100 万元，再度上涨 1.1 倍，累计 12.62 倍。

复合收益计算，该账户在我的管理下，短短 1 年累计实现 1262.02%收益。传说中的股神，也莫过如此吧?!

但我对这个收益并不满意，显然可以再高些。

交易反思

即使不考虑我错过的金证股份、同花顺等大牛股，我重仓的 600571 信雅达股价从 12.5 元上涨到 210 元，上涨近 16 倍，如果我守住 40 万股信雅达，则资产会轻松达到 8000 万元。

如果借助证券公司 2.5 倍低杠杆的融资融券交易，即使中途不增加融资额，那么，500 万元后面会增长到 2 亿元，近 40 倍。

做过融资交易的投资者都知道，500 万元的本金，2.5 倍融资杠杆，可融资 750 万元，则有 1250 万元的资金，在 12.50 元满仓买入信雅达，则可买 100 万股。信雅达股价上涨 40%至 17.50 元时，市值则有 1750 万元，除去 750 万元融资，本金已有 1000 万元，可融资增至 1500 万元；假如我们随本金不断增加，不断加大融资额度的话，有多少收益？

然而，现实却是股市里"一赚二平七亏"的现象贯穿整个行情，大部分人在牛市里反而亏得更多。每轮行情，上涨 3~5 倍的个股比比皆是，如果借助融资融券，实现资产增值 10 倍的机会，对每个行情启动初期就参与的投资者都是存在的。然而，事实是大部分人却是亏损的，这确实值得投资者深思。

投资感悟

经历了 2013~2015 年大牛市，我对交易得出如下感悟：

（1）每次行情，做 3~5 只股即可，频繁换股，只会错过大机会。

（2）在选好的股上，做好波段操作，获得超额收益。

（3）最好从底部建好仓位，正式启动时可加杠杆。

（4）买卖的目标、时间点要明确，至少要对其中一项有认识。

（5）底部买股，一路做到牛市到顶，果断退出，然后等下轮行情再起。

4. 百倍你也能做到

即使我们不是随本金，而是在股价上涨到一定程度，再加底杠杆融资融券操作。那么，一轮大牛市下来，也能实现惊人的收益！

为了计算方便，假如我们上轮牛市用 500 万元的本金，在 12.00 元以 2.5 倍杠杆满仓买入信雅达，股价每上涨 40%，则将杠杆再度加至 2.5 倍，并在最初 100 元上不再追加杠杆，那么，将积累常人难以想象的财富。

如表 2-4 所示，在不考虑融资成本及小波段操作收益的情况下，当 2015 年 6 月信雅达股价触及 180 元时，账户市值达到 61198 万元，

收益超过 12140%，121 倍！在 2015 年 6 月 12 日信雅达股价触及
210.94 元时，账户市值达到 71718 万元，收益超过 14244%，142
倍！而如果在股价上涨的过程中，不断加杠杆，那最后累计的收
益，将会更加惊人！

表 2-4　2013 年 8 月至 2015 年 6 月 12 日用 500 万元本金加杠杆买入信雅达计算表

时间	价格（元）	本金（万元）	融资（万元）	股数（万股）	市值（万元）
2013 年 8 月	12.50	500	750	100	1250
2014 年 5 月	17.50	1000	1500	142.86	2500
2015 年 1 月	34.30	4000	6000	291.55	10000
2015 年 4 月	48.02	8000	12000	416.39	20000
2015 年 5 月	67.23	16000	24000	594.97	40000
2015 年 5 月	94.12	32000	48000	849.98	80000
2015 年 6 月	180	61198	91798	849.98	152996
2015 年 6 月 12 日	210.94	71718	107577	849.98	179295

可见，在一轮大牛市里，如果能选择对大牛股，并适当借助低
杠杆的融资融券交易，实现百倍收益是完全可以做到的。

根据股价稳定态理论，在股价稳定态下轨的下方，或股价脱离
现有稳定态向更高稳定态运动时，这时候可以加杠杆，而且风险都
相当小。如图 2-78 所示，箭头所示信雅达 K 线图所在位置，都是
很好的加杠杆点位。

虽然历史不能假设，但以此操作，实现百倍收益却是很轻松的。

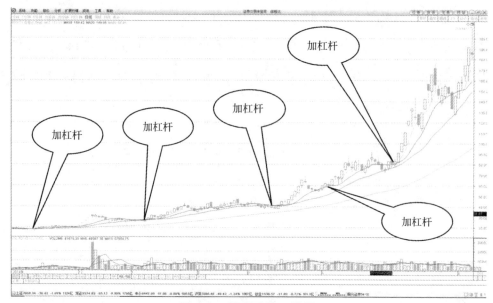

图 2-78　信雅达日 K 线图

第三章
新一轮牛市大机会

弃我去者，昨日之日不可留！短暂的杠杆大牛市，有人欢喜有人忧，但都已成过去。与其追思过往，不如把握好下次大机会。

"屋漏偏逢连夜雨"，用这句话形容当前的中国股市很形象。股灾以来低迷不振的中国股市，2018 年又遇上美国发动的贸易战，大盘多次杀跌破位，并一举跌破 3000 点整数关口，一路杀跌击穿 2700 点。市场再度处于绝望之中。

行情总在绝望中产生！

每当大家都对股市绝望时，意味着离大牛市也不远了。当前股市，与 2012 年下半年很相似，我预感到中国股市正在酝酿一轮大行情。作为成熟的投资者，应当理性客观地分析当前股票市场，并为新一轮的牛市做好准备。

一、当前股市与 2012 年底相似

2015 年 6 月 "股灾" 以来，我国股市经历了三年多的深幅调整。从时间和空间上看，整体上已基本调整到位。

如果我们从市场整体估值、股市的市场环境、居民的投资意愿、国家对股市的态度等各方面理性分析，就会发现从内在的投资价值、外在的市场环境以及社会的投资意愿等各方面看，当前股市与上轮行情启动前的 2012 年底股市非常相似。股市走牛的内外两方面因素已基本具备，在政府强力推动与支持下，股市将最终会演变为一轮大牛市。

技术分析流派认为 "历史总不断重演"，而我认为 "行情总在绝望中产生"。这表明低迷的中国股市，内在暗流涌动，或许又在酝酿新一轮大行情。

1. 股市估值处历史低位，调整近尾声

自 2015 年 6 月 "股灾" 到现在三年多时间里，经过多次惨烈调整，中国股市无论在估值上还是在股价上又回到了历史低位，已具备了产生新一轮大行情的内在基础。

A 股估值跌回 2000 点

经过长时间的调整，A 股估值跌回底部区域（见表 3-1）。

表 3-1 A 股历次股市估值底对比图

时间	PE（TTM）	利率（%）	A 股非金融累计净利润同比（%）	A 股非金融单季净利润同比（%）
2005 年 3 月	20	4.1	2.6	2.6
2008 年 10 月	16	3.1	−8.4	−12.2
2011 年 12 月	17	3.4	2.1	−21.8
2018 年 7 月	22	3.5	18	18

当前 A 股与 2005 年 3 月相比，当前 A 股非金融 PE（TTM）为 22 倍，高出 10%，但当前 A 股利率水平更低，全年预计盈利增速为 18%，考虑利率和盈利后，当前估值水平与 2005 年 3 月相比并不高。可见，股市整体估值已跌回底部区域，回到了上轮牛市启动前的 2000 点。

截止到 2018 年 6 月 29 日，A 股已有 213 股破净，破净数量超越多个历史低点纪录，包括 2638 点的 53 只、1849 点的 154 只，甚至也超过 2008 年 1664 点的 175 只，破净股数量已经达到 A 股历史峰值。

二级市场上，低于 10 倍市盈率大盘蓝酬股比比皆是；近 10%个股跌破净资产；几十家上市公司的分红率已超过一年期存款利率。中国股市泡沫基本被挤出，而且被严重低估，个股、大盘再度处于跌无可跌的状态当中。

大部分个股的股价已回到上轮牛市前

经过三年多漫长的调整，大部分个股的股价已跌到 2013~2015 年牛市启动前的位置，股市泡沫基本上已被挤净。大部分个股已处于跌无可跌的状态，部分个股后市存在非常大的上涨空间。

图 3-1 显示，上轮牛市里的特大牛股之一，600571 信雅达股价

现已调整至 7.00 元附近，只有最高价的 7%，已与我在 2013 年全面建仓时的 6.25 元（前复权）相差无几。经过长期的调整，大部分个股的下跌空间已极其有限，如果大盘走强，则存在广阔的上涨空间。

图 3-1　600571 信雅达周 K 线图

2. 货币政策松动，社会资金更趋宽松

由于股市有很高的流动性，因此，A 股每轮大牛市，都离不开资金的支持。社会资金相对宽松的环境，是牛市产生的另一个必要条件。

A 股走牛的核心因素是流动性

股市被誉为国民经济的晴雨表。这是因为股市走势，很大程度上反映了一个国家的经济状况。但是，A 股走势与国民经济的基本面相关性并不大；历史上，A 股每轮大牛市，都与当时宽松的货币、充裕的流动性密切相关。

如图 3-2 所示，除了 2005~2007 年大牛市是因股权分置改革造成的，2009 年牛市、2014~2015 年大牛市都与货币宽松息息相关。实际上，正是极度宽松的货币政策叠加 4 万亿元投资导致 2009 年大牛市，而超发货币涌入股市，是推动 2013~2015 年股市大涨的根本原因。可见，推动 A 股走出熊市进入牛市最核心因素来自货币流动性。

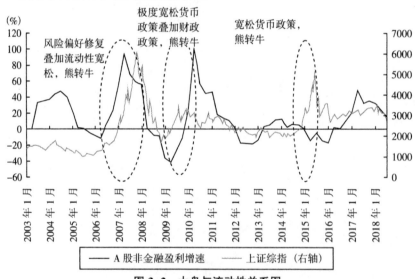

图 3-2　大盘与流动性关系图

货币政策已悄然由紧转松

2015 年股灾后，大量股市流出的资金，再度涌入楼市，推动房价节节攀升，这与我国"住房不炒"的基本国策相违背。国家被迫紧缩银根，抑制房产泡沫。后为应对美国加息，导致资本外流，我国这些年一直采取从紧的货币政策。流动性偏紧张也是造成当前 A 股低迷的重要原因之一。

2018 年 6 月 24 日，中国人民银行宣布，从 2018 年 7 月 5 日起，下调国有大型商业银行、股份制商业银行、邮政储蓄银行、城市商业银行、非县域农村商业银行、外资银行人民币存款准备金率 0.5 个百分点。这是自 2018 年 1 月 25 日中国人民银行对普惠金融定向降准、4 月 25 日定向降准置换中期借贷便利（MLF）以来，中国人民银行年内第三次定向下调存准率，此次定向降准可释放资金约7000 亿元。

中国人民银行货币政策委员会召开的 2018 年第二季度例会主张，稳健的货币政策保持中性，要松紧适度，管好货币供给总闸门，保持流动性合理充裕。2018 年 7 月 19 日，中国人民银行（以下简称央行）拟对商业银行贷款投放和信用债投资进行激励，符合条件的银行可获 MLF 等流动性支持。央行此举意在进一步提升银行放贷以及投资信用债的积极性，缓和中小企业融资难，以化解信用风险。[①] 中国货币政策已经发生明显转变。

我国央行连续下调存款准备金率，以及央行激励银行放贷和信用债投资表明，金融"去杠杆"已告一段落，货币政策今后一段时间内将相对宽松，以保持流动性的合理充裕。

3. 楼市变天，资产错配纠错终将上演

股市与楼市被经济学界人士称为中国超发货币的两大蓄水池，近 10 年来，这两者走势存在明显的跷跷板现象。2013~2015 年股市暴涨，楼市则惨淡经营；2015 年下半年"股灾"之后，股市陷

---

① http://finance.sina.com.cn/money/bond/2018-07-19/doc-ihfnsvza7976686.shtml.

入长期低迷之中，楼市开始回暖，并在 2016~2017 年出现井喷式上涨。

城市化进程接近尾声，房产政策已变

受益于持续 20 多年的快速城市化进程，我国经济出现了长期的高增长，成长为全球第二大经济实体。但是，这种经济增长模式有一个很大的弊端，就是过度依赖信贷资金拉动，导致社会负债率太高，经济增长质量不行。新一届政府意识到这个问题的严重性，上台伊始就提出"住房不炒"等全新的理念和主张，着手推动经济增长方式的转变。我国的房产政策已悄然生变。

2018 年 6 月 25 日，国开行将棚改项目的合同签订审批权限收归总行（见图 3-3）。这意味着曾经以货币安置为主的方式，今后多以实物安置为主。7 月，北京大学党委常务副书记，兼北京大学马克思主义学院院长、北京大学光华管理学院金融系教授、博士生导师于鸿君，公然主张启动"新时期上山下乡工程"。这些信号表明，中国的城市化进程已接近尾声，整体房价再度大涨的可能性微乎其微。

蓝鲸财经记者工作平台
6-25 17:20 来自 iPhone客户端

【鲸快讯:国开行棚改项目合同签订审批权限回收总行 以后多以实物安置为主】25日讯,记者获悉国开行总行回收了棚改项目的合同审批权限,此前在分支行可签订,现在必须总行审批,但并未暂停所有棚改项目,目前仍在进行中的项目依然继续执行。过去曾经以货币安置为主的方式,今年以来多以实物安置为主。(财联社)

图 3-3 微博截图

资产错配纠错终究会发生

中国人热衷于房产投资，与中国人"安居乐业"的传统思想密切相关，在生活的地方拥有自己的房子一直是很多人毕生的夙愿与梦想。持续 20 多年的快速城市化进程，大量农村人口涌入城市，催生了中国房地产投资热潮，造就了中国房地产投资的黄金时代。

但越来越多的迹象表明，房地产投资热潮即将消失：

（1）中国快速城市化进程已接近尾声。

（2）人口老龄化严重，人口红利消失。

（3）房地产税 2018 年走上立法程序。

（4）国家对房地产调控越来越严厉。

一旦楼市上涨预期不在，那么，囤积在楼市的海量炒房资金，就会涌出，寻找新的投资渠道。能承接如此大规模资金的，也只有股市。

目前，我国房地产市值高达 430 万亿元市值，[①] 而我国股市总市值才 60 万亿元。错配在楼市的那部分资金涌入股市，就能再度掀起 2014~2015 年那样的行情。

4. 居民投资意愿强烈，股市会成首选

在宽松的货币政策与资本逐利性的驱使下，庞大的社会游资一直在寻找投资渠道和机会。2015 年"股灾"后，从股市流出的热钱不仅席卷了全国房地产市场，推动房价节节攀升，而且涌入 VC/PE 领域，催生出共享单车、直播、ICO 等一个个风口。此外，大量的

---

① https://www.sohu.com/a/238906027_100166304.

民间资金还涌入以 P2P 为代表的互联网金融平台寻求增值。中国居民投资意识、投资需求一直非常强烈。

不断推高的房价，会造成社会不稳定，而高风险的 P2P、ICO 等投资，还会带来金融不稳定。中国急需大众化、低风险的投资渠道。目前，以房价为代表的资产价格、以铜铁为代表的原材料价格、以金银为代表的贵金属价格都处在历史高位。因此，被低估的股市，最终会再度成为居民大众投资的首选，并推动中国股市一路走高。

即便经历"股灾"这样极端的杀跌，依然有大量资金看好中国股市。"股灾"次年的 2016 年的"宝万事件"，就是活生生的例子。2017 年下半年蓝筹股牛市，偏股型基金收益靓丽；2018 年第一季度，共有 345 只股票基金成立发行，认购金额近 3000 亿元。① 可见，对股票市场来说，缺的并不是资金，而是机会和信心。

一旦股市机会出现，会有大量资金涌入。股市一旦形成强大的赚钱效应，则会吸引更多的场外资金进来，进一步推动股市上涨；不断上涨的股市，又会吸引更多的资金涌入股市。一旦形成这样的良性循环，那么，中国股市会再度出现 2014 年下半年那种量增价涨的良好局面。

5. 中美贸易战背后的"中国制造 2025"

2018 年，美国总统特朗普以贸易逆差为借口，多次威胁要发动针对中国的贸易战，在谈判未果的情况下，公然违背 WTO 精神，

---

① http://funds.hexun.com/2018-04-02/192762219.html? from=rss.

在 2018 年 7 月 6 日正式对 340 亿美元中国产品加征 25% 关税。中美贸易战就此正式开打。

早在这之前的 2018 年 4 月 16 日，美国以中兴通讯违约为借口，对中兴通讯进行全面制裁，导致全球第四大通讯厂商的运营几乎停摆。如果是单纯的贸易问题，美国一定会向中国尽量倾销更多的商品，而不只是主动限制出口。在美中贸易谈判公开、半公开的报道中，美方一直要求中方放弃"中国制造 2025"。因此，不断升级的中美贸易争端，与其说是贸易战，不如说是美国对中国发动的科技封锁战。

"中国制造 2025"是在新的国际国内环境下，中国政府立足于国际产业变革大势，做出的全面提升中国制造业发展质量和水平的重大战略部署。其根本目标在于改变中国制造业"大而不强"的局面，通过 10 年的努力，使中国迈入制造强国行列，为新中国成立一百年时将中国建成具有全球引领和影响力的制造强国奠定坚实基础。

中国要想实现"中国制造 2025"的宏伟目标，自然离不开资本市场长期、全面的支持。因此，中国政府迫切渴望有新一轮大牛市，来推动、提升中国制造业水平。

"行情总在绝望中产生"，表明低迷的中国股市，内在暗流涌动，或许又在酝酿新一轮大行情。

二、A 股再度站在大牛市起点

中国股市 20 多年的历程证明，每次大级别行情的产生与资金的流动性、投资者投资偏好等密切相关；但决定牛市周期与高度更多地取决于上市公司业绩增长、投资回报、政府政策等。

虽然我国经济发展面临内有增长放缓、外有"中美贸易战"等诸多不利因素，但我们认为今后一段时期内，上市公司业绩会保持较高增长，企业税负有望降低，利率则会下行，资本市场制度建设在推进。这些都构成对股市的中长期利好，中国股市将会迎来新一轮大牛市。

1. 公司业绩步入高增长期

从 2015 年开始，我国全面推行以"去产能、去库存、去杠杆、降成本、补短板"为重点的供给侧结构性改革。三年来，供给侧结构性改革在煤炭、钢铁、有色、水泥、化工等基础工业领域取得了巨大成果；随着大量高污染、高能耗、低产能的小企业关、停、并、转，以上行业企业效益提升非常显著。

在制造业领域，以美的、格力、海尔等为代表的头部公司，进一步发展为全球业内的巨头，随着产业集中度不断提高，业绩增长同样非常喜人。

随着国企改革和供给侧结构性改革的不断深入，大量产能落后、缺乏竞争力的小公司不断被挤出市场，市场恶意竞争的经营环境得到改观，经济结构得到优化。我们有理由认为，以上市公司为代表的优质企业，经营业绩步入新一轮增长期。在 2018 年中报中，有七成上市公司发布业绩增长预报。图 3-4 显示，大部分上市公司业绩出现较大增长。

中报业绩快报　　　　　　　　　　　　　　　　　　　　　　　　>>>金融研究、就用东方财富Choice数据 更多>>

股票代码	股票简称	相关资料	每股收益(元)	营业收入				净利润				每股净资产(元)	净资产收益率(%)	公告日期
				营业收入(元)	去年同期(元)	同比增长(%)	季度环比增长(%)	净利润(元)	去年同期(元)	同比增长(%)	季度环比增长(%)			
002020	京新药业	详细 股吧	0.2901	14.09亿	9.99亿	41.08	18.90	2.13亿	1.70亿	25.30	41.98	5.14	5.51	07-21
601899	紫金矿业	详细 股吧	0.11	498.14亿	375.24亿	32.75	17.87	25.23亿	15.05亿	67.60	32.46	15.18	7.05	07-21
600837	海通证券	详细 股吧	0.26	109.62亿	128.14亿	-14.45	-7.85	30.32亿	40.23亿	-24.64	-24.94	10.17	2.56	07-21
002540	亚太科技	详细 股吧	0.1482	17.54亿	15.89亿	10.40	8.57	1.88亿	1.49亿	26.07	28.04	3.76	3.96	07-21
600965	福成股份	详细 股吧	0.1	7.03亿	6.21亿	13.33	-0.89	8543万	6553万	30.38	35.48	2.30	4.53	07-20
600606	绿地控股	详细 股吧	0.49	1580.56亿	1261.19亿	25.32	11.21	59.43亿	46.58亿	27.61	-29.70	5.29	9.07	07-20
600161	天坛生物	详细 股吧	0.28	12.20亿	9.44亿	29.24	20.41	2.41亿	9.45亿	-74.48	18.97	3.62	6.40	07-20
002858	力盛赛车	详细 股吧	0.029	1.47亿	6685万	119.92	164.64	216万	-370万	158.23	243.47	5.45	0.54	07-20
603689	皖天然气	详细 股吧	0.26	15.52亿	13.47亿	15.27	-7.64	8728万	6453万	35.26	2.59	5.73	4.55	07-20
603696	安记食品	详细 股吧	0.13	1.54亿	1.14亿	35.21	18.67	2112万	1699万	24.28	-6.85	4.33	2.92	07-20

图 3-4　部分上市公司 2018 年中报截图

2. 未来存在较大降税预期

由于历史等原因，我国税收制度建设一直远远落后于国民经济发展进程，存在税种繁多、重复征税严重、设置不够合理等诸多问题，造成企业与个人税负沉重。2011 年，政府的税收收入为 8.97 万亿元，同比增长 22.6%，而我国同期 GDP 的增长速度为 9.2%，税收的增长速度超过 GDP 的两倍。[①] 学界主流观点中"确定减税为今后税制改革目标"的呼声再次浮出水面，并得到民间的极大关注

---

① 税收的增长速度超过 GDP 的两倍，http://finance.sina.com.cn/china/20120515/155712069467.shtml。

和推动。

不合理的税收制度与沉重的税负，已严重制约企业的发展与居民的消费，进而危及企业的创新精神和中国经济可持续发展能力，一直饱受有志之士的指责。在学界的呼声与民间的推动下，"确定减税为今后税制改革目标"应成为税收制度改革的方向。2018 年6 月，新的《中华人民共和国个人所得税法》拟将个税起征点上调至5000 元，拉开我国减税的序幕。我国今后的税负有望逐步降低。

减税能够变相提高上市公司的估值，对上市公司影响将是深远的。假如上市公司的所得税从目前的 33% 降为 20%，那么，上市公司的税后利润则会提高近 20%。此外，我国向实施现金分红个人投资者征收红利税存在严重的重复征税[1]：一旦 10% 红利税取消，投资者的投资收益将直接提高 11%，上市公司的估值也将变相地提高11%。因此，我国的减税政策与减税预期，会对证券市场产生重大影响，所带来的估值重置与大幅提升，会改变股市运行的轨迹，推动大盘的上涨，甚至能跃入更高位的稳定态。

3. 利率下行反推股市上涨

对股票市场及股票价格产生影响的各种因素中，最敏锐者莫过于利率因素。利率水准的变动对股市行情的影响又最为直接和迅速。通常利率下降时，股票的价格就上涨，而利率上升时，股票的价格就会下跌。利率与股市存在的负相关性，是由股市的估值机制决定的。

---

①《股民上书财政部　呼吁减免红利税》, http://finance.eastmoney.com/news/1344, 20120613210826244.html。

利率：股市价值的倍增器

根据现金流折现模型，股票价值的公式可以表述如下：

$P_0 = P_1/(1+r_1) + P_2/((1+r_1)(1+r_2)) + \cdots$（延续到无限期）

其中，P_0 为现值，P_n 为未来第 n 期的自由现金流，r 为自由现金流的折现率（资本成本），可用利率表示。

从以上公式可知，股市的内在价值与当前利率负相关。

从以上公式也不难看出，即使公司经营状况没有变化，如果利率走低，股市内在价值会出现变相提升，会推动股指走高；如果利率走高，股市内在价值会出现相对降低，会导致股指走低。此外，利率走低，会降低企业的财务成本，有利于提高上市公司业绩。可以说，利率是股市价值的倍增器。

在我国，中国人民银行基准利率的大幅变动，曾经多次导致股市的大起大落。1996~2001 年，中国人民银行持续十余次下调基准利率，在上市公司经营业绩并未明显提高的情况下，上证综指从512 点上涨到 2245 点；为防止热钱涌入和通货膨胀，2005 年以来，中国人民银行多次上调基准利率，最终导致股市在 2007 年拐头向下，大幅下跌。欧美成熟股市也一样，为了应对次贷危机引发的全球金融危机，美联储 2009 年，初将利率史无前例地实行"0 利率"，美国股市随即止跌回升，道琼斯指数从 5000 多点上涨至 10500 点。

中国必将迎来低利率时期

2015 年股灾后，大量股市流出的资金，涌入楼市，推动房价节节攀升。国家被迫紧缩银根，抑制房产泡沫。为应对美国加息，防止资本外流，我国近几年一直采取从紧的货币政策。

货币紧缩政策带来社会货币供应不足，导致利率高企和中小企业融资异常困难，纷纷涌向以 P2P 为代表的互联网金融平台融资。但低迷的实业根本无法承受高达 15% 的资金成本；在 2018 年银根进一步收紧下，P2P 随即出现破产潮。

据不完全统计，在 2018 年 6 月至 7 月中旬短短一个半月里，我国有超过一百家 P2P 平台爆雷，上千万投资人卷入其中，很多人将面临"血本无归"的结局。① 表 3-2 显示的仅仅是冰山一角。

表 3-2　7 月以来部分爆雷的 P2P 平台（不完全统计）

平台	城市	爆雷时间	爆雷原因
多多理财	杭州	2018 年 7 月 9 日	实际控制人、财务总监失联
赶钱网	上海	2018 年 7 月 9 日	提现困难
聚胜财富	上海	2018 年 7 月 8 日	股东方、实际控制人失联
联安贷	深圳	2018 年 7 月 8 日	平台跑路
孔明金融	杭州	2018 年 7 月 8 日	经侦介入
优储理财	上海	2018 年 7 月 8 日	平台跑路
吆鸡理财	深圳	2018 年 7 月 8 日	提现困难
虹金所	上海	2018 年 7 月 7 日	提现困难
元泰资本	南昌	2018 年 7 月 7 日	提现困难
即利宝	苏州	2018 年 7 月 7 日	良性退出
宝点网	成都	2018 年 7 月 7 日	提现困难
存金钱包	深圳	2018 年 7 月 7 日	提现困难
人人爱家金融	杭州	2018 年 7 月 6 日	经侦介入

P2P 破产事件频发，严重危害中国金融与社会稳定。因此，我国央行实施的银根紧缩政策迟早会终结，货币投放量会得到全面改

① http://tech.qq.com/a/20180711/044706.htm.

善，社会借贷利率大幅下行也只是时间问题。2018 年 7 月 17 日，央行再度通过"中央国库现金管理商业银行定期存款"的方式向市场释放流动性，中标利率从上期的 4.73% 大幅跳水到 3.70%[①]（见表 3-3）。这些表明中国利率下行已成定局。

表 3-3　中行中标利率（不完全统计）

	招标日期	中标总量（亿元）	中标利率（%）
第一期	2008 年 1 月 15 日	800	4.70
第二期	2008 年 2 月 7 日	1200	4.50
第三期	2008 年 3 月 26 日	500	4.62
第四期	2008 年 4 月 20 日	800	4.50
第五期	2008 年 5 月 9 日	1200	4.63
第六期	2008 年 6 月 15 日	1000	4.73
第七期	2008 年 7 月 17 日	1500	3.70

　　为了应对不断升级的中美贸易战，为制造业减轻压力，中国必定会推行相对宽松的货币政策，低利率将会维持很长一段时期。这不仅有助于制造业升级，而且有助于中国股市长期走牛。

4. 产业升级长期利好股市

　　制造业是国民经济的主体，是立国之本、兴国之器、强国之基。打造具有国际竞争力的制造业，是我国提升综合国力、保障国家安全、建设世界强国的必由之路。在新一轮科技革命和国际产业分工格局重塑之际，中国政府及时在 2015 年制定了"中国制造 2025"的宏大规划。

---

① https://mp.weixin.qq.com/s/QzMVpXOhso9F67BfBnyO4w.

"中国制造 2025"规划中提出,坚持"创新驱动、质量为先、绿色发展、结构优化、人才为本"的基本方针,坚持"市场主导、政府引导,立足当前、着眼长远,整体推进、重点突破,自主发展、开放合作"的基本原则,通过"三步走"实现制造强国的战略目标:第一步,到 2025 年迈入制造强国行列;第二步,到 2035 年中国制造业整体达到世界制造强国阵营中等水平;第三步,到新中国成立一百年时,综合实力进入世界制造强国前列。

笔者认为,我国推进实施"中国制造 2025"的规划,对国民经济、对股市走势、对国际格局都会产生深远影响。一方面,以信息技术、生物制药、高端制造业为代表的行业从中受益匪浅,从而推动股市走强;另一方面,中国要想实现"制造 2025"的宏伟目标,需要巨额的资金投入,更需要一个健康的资本市场长期、全面的支持。这都对中国股市构成长期的利好。

5. 国家推动股市健康发展

长期以来,中国股市内幕交易频繁,造假之风盛行,被有志之士痛心疾首地称为"连赌场都不如",而中国股票市场"重融资、轻回报"、有进无出的制度设计,也饱受投资者指责。相关制度设计的落后与不足,市场缺乏长线投资资金,是造成中国股市大起大落、牛短熊长的重要原因。

可喜的是,经全社会呼吁与监管部门这些年来的努力,资本市场制度建设在不断加快推进中。

2018 年 7 月 13 日,证监会颁布《证券期货法律适用意见第 13 号》,强化证券服务机构及其从业人员的责任。

2018年3月2日，证监会拟对《关于改革完善并严格实施上市公司退市制度的若干意见》进行修改，进一步完善上市公司退市制度。

2018年3月2日，证监会发布上市公司创业投资基金特别规定。

2018年3月2日，证监会发布养老目标证券投资基金指引。

2017年9月14日，证监会再度优化发审制度。

2017年9月14日，证监会建章立制、强化监管、完善投资者赔偿机制，探索全流程保护投资者。

2017年5月27日，证监会发布了《上市公司股东、董监高减持股份的若干规定》，进一步完善、规范股东减持行为。

党的十八大以来，证监会在股票发行改革、退市、并购重组、公司债券、新三板等各业务条线的140余项制度建设中全面嵌入投资者保护要求。包括在《关于进一步推进新股发行体制改革的意见》《首次公开发行股票并在创业板上市管理办法》等改革中强化市场经营主体责任；在《关于进一步严格实施上市公司退市制度的若干意见》等上市公司退市制度中强化投资者保护；在上市公司章程指引、股东大会规则、《关于首发及再融资、重大资产重组摊薄即期回报有关事项的指导意见》等部门规章和自律规则中持续完善上市公司治理规则体系和回报机制（见图3-5）。

我国不断推进的资本市场制度建设，为中国股市今后健康发展提供了有效的制度保障，有利于吸引长期投资资金流入股市。

证监会：五年来140余项制度建设中 全面嵌入投保要求

时间：2018-03-15　来源：

文章来源：证券日报 更新时间：2018-03-13 00:54

■本报记者 朱宝琛

投资者是市场赖以生存的基础，投资者的成熟是市场成熟的重要推动力。为了切实保护投资者利益，中国证监会构建了"一体两翼"组织体系，完善投资者保护基础制度、多措并举为投资者维权、落实投资者教育等获得社会各方面一致认可。

3月12日，证监会举行新闻发布会，就投资者保护工作的相关内容进行了介绍。

"党的十八大以来，证监会在股票发行改革、退市、并购重组、公司债券、新三板等各业务条线的140余项制度建设中全面嵌入投资者保护要求。"证监会投资者保护局局长赵敏介绍，具体看，包括在《关于进一步推进新股发行体制改革的意见》《首次公开发行股票并在创业板上市管理办法》等改革中强化市场经营主体责任；在《关于进一步严格实施上市公司退市制度的若干意见》等上市公司退市制度中强化投资者保护；在上市公司章程指引、股东大会规则、《关于首发及再融资、重大资产重组摊薄即期回报有关事项的指导意见》等部门规章和自律规则中持续完善上市公司治理规则体系和回报机制。

图 3-5 《证券日报》新闻截图

三、迎接下一轮大牛市

"历史总是不断地重复"是技术分析的三大假设之一。但我认为，历史会不断重演，但绝对不会简单重复。每轮大牛市，一定有相似的地方，也有完全不同的地方。遗憾的是，除了指数大涨大跌之外，其他异同点几乎都是未知数。

对变化的市场，我们一方面要抱着畏惧之心，不要去武断猜测；但为了更好地把握行情，我们又不得不不断地分析、研究、猜测它。每轮大牛市，都是在特定的时空环境下产生的。如果我们更多分析行情产生的原因与背景，或许更能把握住行情发展的变化。

在本章中，我运用股价稳定态理论，就投资者普遍关心的新一轮大牛市如何发展演变及行情初步特征，浅谈一下自己不成熟的观点。如果你真看好后市，现在就该积极做好全面准备工作。

（以下所有观点，均不构成投资建议。）

1. 新理论对新行情的预判

决定新一轮大牛市走势的两大因素，在于中美"贸易战"和我国产业升级。中美贸易战对股市的影响可分三个阶段：

第一阶段：心理影响大于实质影响。

第二阶段：实质影响大于心理影响。

第三阶段：市场走出"贸易战"影响。

目前，还处于第一个阶段。

如图3-6所示，中国股市2018年走势深受中美贸易战的影响。2018年7月6日，美国开始对产自中国的340亿美元商品加征25%的关税，但此前，中国股市已损失6万亿元的市值。结合中美贸易战的演变，在下一轮大牛市中，我们认为，上证指数很可能按如下的几个阶段逐步演变。

受中美贸易战的影响，上证指数3020~3180点稳定态发生向下翻转至2840~3020点。当前，上证指数在2820点一带蓄势整理。但也存在这样的一种可能，上证指数3020~3180点稳定态或许已被拉裂形成2750~2850点稳定态、3450~3650点稳定态，我倾向于后者。上证2750~2850点稳定态是大量抄底资金主动买入形成的。

在国家不断推出的强力护盘和提振经济的政策刺激下，上证指数会结束低位稳定态内盘整，向上突破进入3450~3650点稳定态。

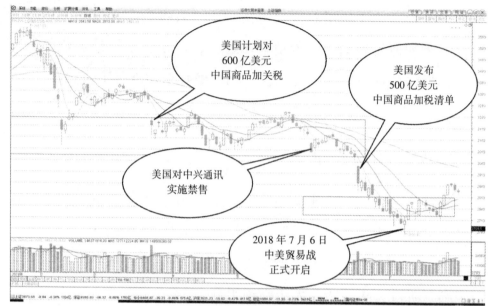

图 3-6　上证指数日 K 线图

由于从 2016 年熔断之后，上证指数一直围绕 3020~3180 点稳定态波动；此外，投资者也需要在这个稳定态内消除贸易战的负面心理影响，这决定了上证指数在这个稳定态内运行形态或许会比较复杂。

市场消除贸易战的负面心理影响后，上证指数才会进入 4500 点一带稳定态内。由于这个稳定态套牢了大量杠杆资金，因此，上证指数会在这个稳定态内运行比较长的时间，至少会超过半年。并在这个稳定态内全面消化贸易战对我国实体经济的全面冲击。

经过充分盘整后，在业绩增长的推动下，上证指数会创出历史新高进入 6500 点一带稳定态内。这时候贸易战对股市的影响已不大。

此后，中国经济转型已获得巨大成果，经济稳步增长，吸引了各种投资资金的热情参与，并推动上证指数相应地会创出新高，上证指数在 8500 点一带再度出现稳定态。

中国股市的大幅上涨，将会重燃国民的投资热情，社会游资、投机资金广泛参与其中。在这些功利性极强的投机资金的推动与各种题材的配合下，上证指数很有可能攻击 11000 点、15000 点一带的稳定态。对应的沪深 300 指数会上涨到 18000 点，甚至更高。

2. 新牛市、新特征、新气象

在接下来的新一轮大牛市，估计会出现如下三个特征：

市场分化更加严重

2015 年 6 月股灾以来，A 股股价走势出现明显的两极分化。以贵州茅台为代表的绩优股，股价持续走高，而大量无业绩支撑的垃圾股，股价一路走低，沦为"仙股"。

如图 3-7 所示，在 2016~2018 年熊市里，600519 贵州茅台股价却不断走高，短短两年多时间内，从不足 200 元，上涨到 800 元，上涨幅度超过 300%，而同期大部分个股"跌跌不休"，投资者损失惨重。

笔者认为，在新一轮牛市里，个股齐涨齐跌的现象不会再出现，股价两极分化走势会更加严重。理由很简单：

（1）中国 A 股上市公司已超 3500 家，股市供求矛盾已缓解。

（2）机构投资者已占市场主导地位，投资情绪相对理性。

（3）严厉的市场监管，恶意操纵股价现象大幅收敛。

（4）退市等制度推出，炒作垃圾股风险太大。

经过这些年的快速扩容，中国 A 股上市公司已超过 3500 家；依靠疯狂的信贷扩张的经济发展模式已走到尽头，注定了股市未来分

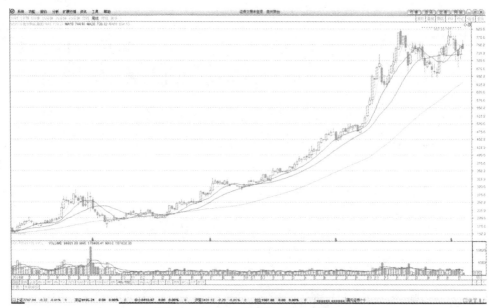

图 3-7　600519 贵州茅台日 K 线图

化更加明显。即使大盘大涨，很多个股股价依然盘步不前。

机构投资时代来临

根据基金业协会数据显示，截至 2017 年底，我国共有私募证券管理机构 8467 家，管理正在运作的基金 32216 只，管理基金规模 2.3 万亿元；公募证券类基金（含混合基金）规模 2.6 万亿元，加上 QDII 沪港通基金，合计近 6.5 万亿元。私募基金规模截图如图 3-8 所示。

考虑到目前 50 多万亿元市值的股票市场，有 40% 股票并不能自由流通。机构持有的市值已超过 A 股可流通市值的 20%。中国股市步入投资机构投资时代，散户则进一步被边缘化。

"国家牛"有望再现

2013~2015 年大牛市，自始至终都受到中国政府积极推动和精心呵护。2014 年 8 月底，上证指数在 2200 点一带盘步不前时，新

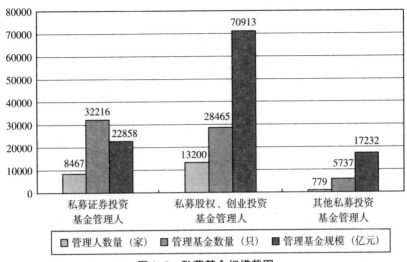

图 3-8 私募基金规模截图

华社在 8 月 31 日至 9 月 4 日的 5 天时间里，连续发了九篇社论力挺中国股市的文章；2014 年 11 月中旬，上证指数再次受阻于 2500 点，中国人民银行果断降息。中国股市掀起一轮井喷式上涨；2015 年 6 月股灾爆发，政府果断巨资进场救市。因此，上轮牛市故有"国家牛"之说。

有人以此指责国家干涉市场，这种观点是不成立的。以股市为主的资本市场低迷和动荡，不利于经济发展。因此，维护股市的稳定和活跃，本是政府的应尽职责。2003 年"9·11"恐怖袭击、2008 年次贷危机，都造成美国股市快速下跌，美国政府随即全力进行了救助。只是手段、方式不同，效果不同而已。

中国股市的背后是上亿个家庭。低迷动荡的股市，不仅让上亿家庭的幸福毁于一旦，还会危害社会稳定，中断中国现代化进程。维护股市的繁荣稳定，具有非常重要的意义。此外，当前中美"贸易战"正酣，大量资本流出中国，要实现"中国制造 2025"的宏伟目标，更加需要一个积极、活跃的资本市场，为我国产业升级提供充裕的资金和广阔的市场。因此，笔者认为，在新一轮大牛市里，依然能看到中国政府积极推动和精心呵护的身影，"国家牛"有望再次出现。

图 3-9、图 3-10 显示，在贸易战开始当日（2018 年 7 月 16 日），大盘在护盘资金推动下发生小逆转，2018 年 7 月 20 日大盘在资管新规的刺激下再度大涨。这些都显示了我国政府对股市的呵护。

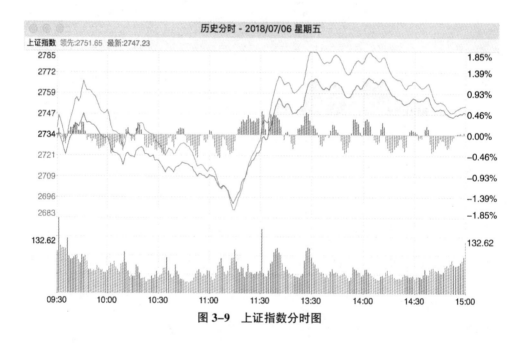

图 3-9　上证指数分时图

金融衍生品大发展

中国股市经过这几年的快速扩容，股市流动性大幅度降低。在低迷的日子，一只股成交量不足千万元，几十万手抛盘即可将个股打至跌停板。股市存在被边缘化危险。为提高股市的吸引力和流动性，国家会大力推进金融衍生品市场。2018 年 7 月 24 日，证监会

图 3-10 上证指数日 K 线图

副主席方星海公开表示：抓紧恢复股指期货常态化交易，满足境内外投资者股票市场风险管理需求；研究推出金融期货期权；丰富国债期货品种，继续推动商业银行参与国债期货交易等工作。我国金融衍生品市场有望获得大发展。图 3-11 是我国的上证 50 期权行情，它的波动性与流动性远强于股票。

3. 把握好即将到来的牛市

每一个有梦想、有抱负的投资者，都渴望通过一轮大行情，实现财富自由、实现自己的财富梦想。根据我在上轮牛市的亲身经历，即使是普通人，如果把握好一轮大牛市，也能实现百倍收益。即使你投入 10 万元的本金，一轮牛市后也能增长至 1000 万元，基本实现你的财富梦想。

要想把握好即将到来的大牛市，实现自己的财富梦想，做好如

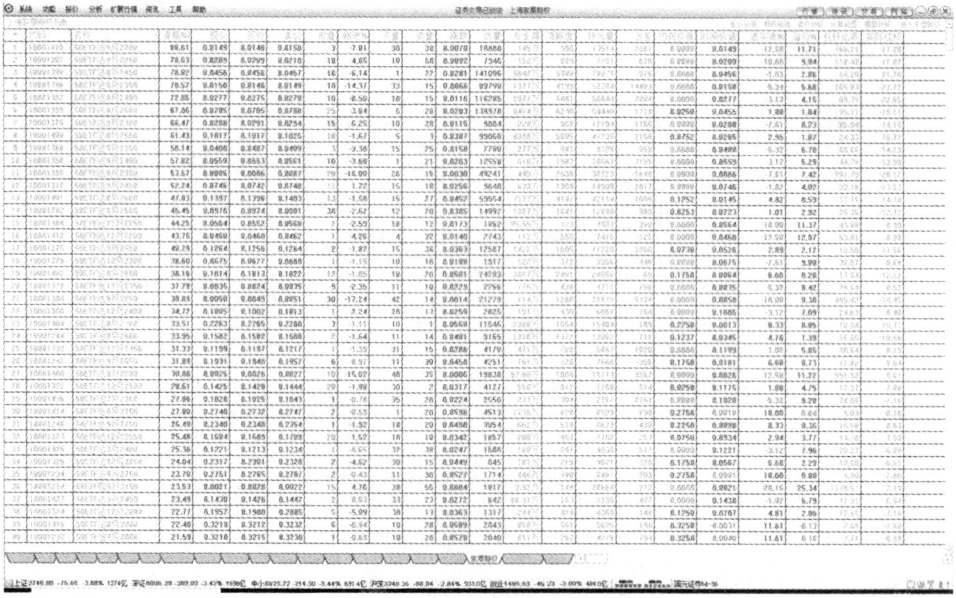

图 3-11　上证 50 期权行情截图

下三点非常关键。

树立长期投资理念

高波动的 A 股，承载了众多投机客的梦想。不少人怀揣梦想投身股海，借助杠杆，疯狂短线交易，除了极少数人获得成功外，大部分投机客亏损累累，铩羽而归。股票交易过程本身就是个零和博弈，更何况，频繁的交易会产生高昂的交易成本和费用。

随着监管的越来越严厉和散户时代的结束，我认为，那种纯粹依靠炒作股价实现暴利的难度越来越大，机会越来越少，投机交易的时代已成过去。未来的个股股价的上涨，主要来自上市公司自身内在价值的提升，而非投机炒作。

上市公司自身内在价值的提升，是个时间非常漫长的过程。因此，投资者要想把握住今后的股票市场，有必要从现在开始，放弃"一夜暴富"的投机心理，调整好心态，树立长期投资理念。

积极做好准备工作

在行情启动前，做好全面的准备工作。准备工作不仅包括思想、行动，还包括基础知识、资金筹备等。

我发现，有不少十多年股龄的资深股民，同样缺乏足够、必要的股票基础知识，看不懂公司财报、理解不了公告。交易自然只能是听消息、凭感觉了。真正的投资者，应该在市场低迷的空档期，努力学习与股票相关的各类知识，补上自己认知上的各种不足。

思想上的准备，主要是初步梳理自己对新一轮行情的看法，防止到时候手忙脚乱。你觉得行情有没有？有多大？预计在什么时候起来？机会在哪儿？什么时候进场？诸如此类。当然，这对大家来说难度很大，但你可以广泛参与一些投资机构举办的投资策略研讨会，有助于帮助你理清对后市的判断。

如果你觉得行情已经离你不远，就应该积极行动起来，完善你交易的硬件设施，以便你随时可进入交易状态，例如：你是否已有证券投资所必需的资金账户、股票账户；交易账户是否随时可用；如果你准备现场交易，是否准备好交易场所；交易软件是否熟悉；交易网络是否畅通；等等。

此外，要从事股票投资，需要一定的资金量，否则就没有意义。那么，你的资金有没有准备好？如果自己缺乏足够资金，准备怎么筹措？存不存在大牛市来临，资产大量错配在固定资产上，届时无法变现的问题呢？

总之，准备工作越充分越好，越仔细越好。

深度研究上市公司

现在，上市公司的研报多如牛毛，充斥各大财经网站。但这些研报大部分水平、质量都相当低下，不足以成为投资决策的依据。如果你真的要做长期投资，就必须自己深度研究调研拟投资的上市公司，亲手获得第一手资料。

深入研究不仅是读懂上市公司财报这么简单，还应当对公司发展规划、核心竞争力、管理层的稳定性、经营层的执行力等进行全面了解。此外，还应当关注上市公司所处的行业环境、上下游行业的变化、行业发展动态等。只有这样对上市公司进行全方位深入研究，才能很好地把握住公司的发展前景，做到长期持股。

要做到如此深入的跟踪研究，对大家来说，非常之难，连我自己也做不好；况且非常耗费精力，除非你资金确实很大，否则意义并不大。因此，选择适合自己的专业投资机构，将资金交给它们进行专业管理，同样也是很好的选择。

最后，希望所有的读者都能从本书中吸收"养分"，取其精华、去其糟粕，把握好新一轮大牛市，早日实现自己的梦想。

参考文献

［1］上官炜栋：《精准狙击——股价稳定态理论与应用》，经济管理出版社 2015 年版。

［2］［周］周文王：《易经》，北京燕山出版社 2003 年版。

［3］［美］罗伯特·吉本斯：《博弈论基础》，高峰译，中国社会科学出版社 1999 年版。

［4］作者工作 QQ 空间，https：//user.qzone.qq.com/285801895/。

［5］施华、王娟：《中学化学》，上海教育出版社 2012 年版。

［6］曹瑞军：《大学化学》，高等教育出版社 2010 年版。

［7］《证券基础知识》，中国金融出版社 2013 年版。

［8］陆剑清：《投资行为学》，清华大学出版社 2012 年版。

［9］［法］古斯塔夫·勒庞：《大众心理学》，冯克利译，中央编译出版社 2005 年版。

［10］［美］约翰·R.诺夫辛格：《投资心理学》，郑磊译，机械工业出版社 2013 年版。

［11］［美］乔治·索罗斯：《开放社会》，王宇译，商务印书馆 2001 年版。

［12］［美］普林格：《技术分析》，笃恒、王茜译，机械工业出版

社 2011 年版。

[13] [美] 爱德华兹、迈吉、巴塞蒂:《股票趋势技术分析》,郑学勤、朱玉辰译,机械工业出版社 2010 年版。

[14] 习近平:《积极树立亚洲安全观共创安全合作新局面》,新华网,www.xinhuanet.com,2014 年 5 月 21 日。

[15] 周懿:《股指期货入门与技巧》,企业管理出版社 2007 年版。

[16] 育青:《股指期货基础知识与操盘技巧》,地震出版社 2012 年版。

[17] 新华网,www.xinhuanet.com。

[18] 和迅博客,radony.blog.hexun.com。

[19] 新浪微博,http://weibo.com/2982501642。

[20] 和迅财经网,www.hexun.com。

[21] 新浪网,www.sina.com.cn。

[22] 中国证监会:《上市公司股东、董监高减持股份的若干规定》,2017 年 5 月。

[23] 喜马拉雅 FM:股市寓言家。

[24] 微信公众号:稳定态测市。

[25] 微信公众号:寻股网络。

后　记

——兼谈对中美贸易战看法

在书稿完成短短 1 个月内，中美"贸易战"再度生变。在中国"八一"建军节，美国商务部工业和安全局（BIS）对中国航天科工集团和中国电子科技集团旗下的 44 家军工企业进行技术封锁；次日，美国特朗普政府声称考虑对价值 2000 亿美元的从中国进口的商品增税，税率由 10%提高至 25%。以上这些，再度证实本人对中美"贸易战"的判断，美国主动发起的"贸易战"根本不是简单的平衡中美贸易逆差，而是美国发起的针对中国的全面技术封锁和遏制。受此影响，中国股市在 2018 年 8 月初再度下挫。

当前，国内很多学者把中美贸易战归根于美国总统特朗普不靠谱的个人行为，而忽视了背后的美国国家战略与意志因素，造成局面被动。最明显的就是中国股市大幅下跌，十多万亿元市值灰飞烟灭。早在美国大选 1 个多月前的 2016 年 11 月初，本人就在《强势美元大周期下的美国选举大预测》中指出：共和党候选人川普将赢得 2016 年美国选举，美元在他执政期间再度走强。共和党候选人川普如当选总统，将引发美元迅速回流美国，全球贸易萎缩，经济低迷甚至将出现通缩，人民币今后将会贬值。而今，本人当初的预言在一一上演。

正如我在文中再三强调的那样，川普当选美国总统，是强势美元的必然选择；川普当选总统后，必定推行强势美元政策。强势美元引发美元迅速回流美国，全球地缘、政治、经贸体系出现恶化和重构，各主要经济体贸易争端升级。中美作为全球最大的两大经济体，贸易争端进一步升级成贸易战是根本无法避免的事。

股价稳定态理论告诉我们，股价总是从一个稳定态运动到另一个稳定态。其实，这一理论的基本思想与原理，同样适用于人类社会的其他场景。由于中美经济活动早已渗透到全球的每一个角落，形成你中有我、我中有你的关系，因此，不管贸易战如何进行，最终还是要坐下来谈，达成默契，形成新的平衡。

本人依然看好中国股市，最根本的原因在于中国有 5000 年从未中断的文化传承，有世界上最勤劳勇敢的人民，有全球最完整的工业体系。历史上，中华民族多次被摧毁都能浴火重生，相比起来，中美贸易战根本就不算什么。中国最终将会跨越贸易战，迎来科技、创新、经济新一轮的快速发展期，推动中国股市不断创出新高！